상처받은 나를 위한 애도 수업

일러두기

• 통상적으로 사용하는 구어체 표기와 맞춤법 일부를 그대로 따랐습니다.
• 외래어 표기는 국립국어원 원칙을 따르되, 일반적으로 통용되어 굳어진 용어들은 그대로 사용했습니다.
• 문장 부호는 다음의 기준에 맞춰 사용했습니다.
 《 》단행본·신문·잡지·정기간행물 등
 〈 〉시·논문·기사·영화·노래 등
• 본문에 등장하는 인물과 사연의 경우, 당사자의 신원 보호와 환자 비밀보호 의무에 따라 각 장마다 알파벳 순서로 표기했으며 내용 또한 각색했습니다.

상처받은 나를 위한
애도 수업

프로이트가 조언하는
후회와 자책에서 벗어나는 법

강은호 지음

생각
정원

차례

서문 삶의 닻에 대하여   6

1장 아파하되 자책하지 말 것

내 탓으로부터 벗어나려는 노력 _심리적 재경험   22

'아직도 모자라. 더 열심히 해야 해' _자아 이상   35

'내가 모르는 나'에 대한 공포 _투사   48

슬픔을 대가로 자유를 얻다 _애도의 의미   60

깊이 읽기 1 몸에 각인된 기억에서 벗어나기   76

2장 충분히 분노하고 온전히 슬퍼할 것

감정의 둑을 무너뜨리는 일 _마음의 무시간성   94

사랑인 줄 알고 삼킨 것들 _양가감정   103

나를 붙드는 당연한 두려움 _익숙한 고통으로의 회귀   118

어디까지 문제인지 파악하기 _우리 안의 방어기제   130

깊이 읽기 2 우리는 무엇을 잃어버렸을까   146

3장 오직 나를 위해 울 것

공허한 내면을 채우는 법 _내재화   174

감출수록 나빠진다 _심리적 경계   188

반복되는 이 길을 빠져나가는 방법 _반복 강박   201

몸과 마음이 말하는 모든 이야기를 듣기 _꿈의 해석   213

깊이 읽기 3 누군가를 구원한다는 것이 가능할까   223

4장 비로소 자유로울 것

잃어버린 나를 찾기 위하여 _대리아   246

마음속의 '가드' 내리기 _통제감   262

잠시 숨을 고를 수 있는 곳 찾기 _연결과 단절   276

리셋이 아닌 리페어의 삶 _마주하기   288

깊이 읽기 4 애도 이후에 오는 것들   303

삶의 닻에 대하여

"일과 사랑은 인간됨의 핵심이다."

— 지그문트 프로이트

프로이트가 이 문장에서 말하는 '일'은 단순히 좋은 직업을 갖느냐의 문제는 아니라고 생각한다. 여기서 일이란 자신이 진정으로 원하는 것, 잘할 수 있는 것, 충분한 의미를 찾을 수 있는 사회적인 활동을 모두 일컫는 것이다.

사랑 역시 마찬가지다. 사랑에는 여러 의미나 요소들이 내포되어 있다. 특히 나는 넓은 의미에서 사랑이라는 단어 안에 많은 관계의 양상들이 집약되어 있다고 본다. 모든 사랑의 밑바탕에는 자신에 대한 사랑이 자리 잡고 있다. 그래서 '곳간에서 인심 난다'는 속담처럼 자기 마음의 곳간이 충분히 채워진 사람만이 타인을 제대로 사랑할 수 있다. 그렇지 않은 관계는 대개 사랑이라는 이름으로 포장된 공격성이나 착취 또는 피착취로 점철된 도착倒錯일 뿐이다. 나는 나 자신과 어떠한 관계를 맺고 있는가, 어떻게 하면 나를 사랑하고 이를 바탕으로 타인을 사랑할 수 있는가 하는 방법을 모색하는 것이 정신분석의 한 과정이다.

내게 이러한 맥락에서 '일과 사랑'의 대상은 정신분석이다. 20여 년 전, 뉴욕에서 공부하고 귀국한 이동수 선생님의 정신분석 세미나는 뙤약볕에 타는 등줄기에 끼얹는 얼음 사이다 같은 것이었다. 오랫동안 달래지기만을 기다리던 내 안의 갈급 때문이었을 것이다. 그때 나는 평생 이 분야를 공부하게 될 것이라는 분명한 예감을 받았다.

결국 사십이 넘은 나이에 한국에서의 모든 것을 접고, 가족들과 함께 뉴욕행을 감행했다. 뉴욕은 내 스승의 도시였고, 내 분석가의 도시였으며, 내가 공부해오고 있는 자아심리학ego psychology의 전설적인 인물들이 활동한 도시였다. 내가 직접 본 뉴욕은 새로웠지만, 뿌리 없는 곳이기도 했다. 자유로웠지만 계통이 없었다. 새로운 이론들이 꿈틀거리는 한편, 학문적 전통이라는 가면을 쓴 꼰대들의 도시이기도 했다. 뉴욕은 거대한 모순

이 공존하는 곳이었다.

아니, 내가 본 뉴욕은 거대한 모순 그 자체였다. 같은 맥락에서 몇 년간의 뉴욕 유학 시절은 내게 모순의 시기였다. 가장 풍요로운 시기였지만, 그만큼 궁핍한 시절이었다. 사랑의 시절이었지만, 갈등과 미움의 시절이기도 했다. 성장의 시기였지만, 문득문득 엄습해오는 자의식과 씨름해야만 했던 시기이기도 했다. 그렇게 삶의 한 토막이 흘러갔고, 그만큼 아이들은 자랐다.

이 글은 그러한 모순들과 씨름하는 과정에서 떠오른 생각과 상념들의 기록이다. 정신분석을 받던 상담실 카우치에서, 혼자 공부하러 자주 가던 센트럴파크의 나무 밑 벤치에서, 뉴욕 공공도서관 로즈홀에서, 메트로폴리탄 뮤지엄 본관과 클로이스터 분관의 조용한 카페 테이블에서, 그리고 세미나실에서 작은 생각들이 떠오르곤 했다(정신분석을 수련하는 과정에서 가장 핵심적인 요소는 뭐니 뭐니 해도 각자의 개인 분석이다. 이 분야를 전공하지 않는 내담자들이 상담실에 와서 상담을 받듯 똑같이 상담을 받으면서 내면의 문제를 해결해나간다. 교육 분석이라고 불리는 이 상담 과정은 보통 주 4회 또는 5회씩, 평균적으로 7년에서 10년 정도 또는 그 이상 진행되곤 한다). 그 상념들이 대기 속으로 흩어져 사라지기 전에 짤막한 메모로 남기곤 했다. 몇 년이 지나니 책 한 권으로 묶일 분량이 되었다. 따라서 이 책에 뉴욕은 거의 등장하지 않지만,

이미 이 책 자체가 내게는 뉴욕이다.

돌아온 지 벌써 1년이 넘었지만, 나는 여전히 뉴욕 공원의 햇살과 도서관의 냄새와 카우치에 누워 바라보던 창밖의 하늘과 구름 한 조각을 생생히 기억하고 있다. 그런 면에서 이 책은 뉴욕이라는 도시, 그리고 내 삶에서 가장 뜨겁고 강렬했던 한 시절을 정리하고 추억하는 애도 과정의 산물이다. 그 사실을, 본문을 다 정리하고 서문을 쓰는 지금에야 겨우 깨닫게 되었다.

인간의 삶은 매일이 상실의 연속이다. 버려야만 새로 채울 수 있는 부대처럼, 이러한 상실들을 상실로 흘려보내는 과정이 애도다. "과거를 굳이 캐내서 도움이 되는 게 있나요?"라고 묻는 내담자들을 종종 보게 되지만, 그들 대부분의 마음 안에는 어떤 과거들이 여전한 진행형으로 자리 잡고 있었다. '머리'로 그것을 인정하고 싶지 않거나 인지하지 못하고 있을 뿐이었다. 내가 무엇을 잃어버리고 있는지를 '머리'가 아닌 '가슴'으로 알고 느끼는 것이 애도의 과정이고, 정신분석 상담의 중요한 부분이다.

2017년 가을에 한국에서 오신 장인어른, 장모님과 함께 퀘벡으로 여행을 떠난 적이 있었다. 장인어른이 정신분석의 치료 원리를 물으셨는데, 말주변이 별로 없는 나는 제대로 대답을 하지 못했다. 그저 "스스로의 내면에 대해 알아가는 과정이고, 그 과정이 충분히 진행되면 내면의 구조나 성격이 바뀌고 삶이 바뀌게 됩니다"라고 했지만, 이 말은 공기의 진동 그 이상도 이하도 아니었다. 가을빛으로 온 세상이 뒤덮인 그곳에서 나는 그 질문에 대한 만족스러운 답을 언젠가는 마련하고 싶었다.

돌아보면 그 욕망은 망상에 가까운 것이었다. 책으로 그 대답이 충분히 가능하다면 이미 오래전에 나처럼 상담을 하는 사람들은 다 사라졌을 것이다. 정신분석이 무엇인가에 대해 어느 정도 납득할 만한 답을 얻기 위해서는 직접 상담을 받는 수밖에 없다. 그런 면에서 그때의 욕망은 백전백패할 운명이었다. 몇 년이 흘러 이 책을 집필하던 상당 시기까지도 나는 그러한 욕망에 계속 집착했다.

삶은 완벽하지 않다. 삶을 살아가는 주체인 인간이 불완전한 존재이기 때문이다. 이 책 역시 마찬가지다. 이리한 불완전성을 받아늘이는 것 역시 애도 과정의 한 부분이리라. 이는 이 책을 읽을 독자들에게도 해당될 것이다. 안타깝지만 책을 통해서 정신분석이 무엇인가를 '충분히' 이해하고, 당신의 삶을 '획기적'으로 바꿀 수 있다는 기대는 접기를 바란다. 우리가 무엇인가를 '안다'고 말할 때, 진정한 앎은 이성과 감정, 몸의 생리적 반응 등 우리의 심신과 관련된 모든 것이 수반되는 체험의 과정이다.

해골에 담긴 썩은 물을 마신 뒤 깨달음을 얻은 원효는 자신의 생각과 느낌, 심장 박동과 혈압과 모골의 변화가 동반되고 모두 연결되는 어떤 총체적인 경험을 했을 것이다. 정신분석 상담을 통한 '앎'의 과정은 이러한 총체적인 체험이다. 원효는 해탈했지만, 원효의 이야기를 책으로 전해 듣는 우리 대부분은 그 진리를 그저 '머리'로만 가늠해볼 수 있는 것과 같은 이치다. 다만 이 책을 읽으면서 정신분석의 틀을 통해 세상과 사람을 어떻게 바라볼 수 있는지에 대해 약간의 간접적인 경험을 할 수 있다면, 그리고 독자들의 마음에 정신분석에 대한 작은 흥미가 생겨날 수 있다면 이 책의 역할은 충분하리라.

정신분석의 가장 핵심적인 전제 중 하나는, 언제 어떤 식으로 문제가 시작되었든 간에 해결의 열쇠가 내 안에 있다는 것이라고 생각한다. 이는 시인 박영근의 구절 하나를 떠올리게 한다. 〈내가 떠난 뒤〉에서 시인은 강물에 잠겨 있는 바위들을 발견하고, 그 바위들을 강물이 끝내 열지 못했다고 인식한다. 마찬가지로 우리 내면의 바위 몇 개가 삶의 반복적인 와류를 만들고, 그 와류는 스스로를 계속 괴롭힌다. 많은 경우, 괴롭힘이 어디서 오는지, 스스로가 괴로운지 아닌지조차 인식을 못 하는 경우도 많다. 정신분석에 대해 내가 황홀하게 느끼는 것은, 내 안에 있는 그 바위 몇 개를 찾아내고 그것들을 해결할 수 있으면 내 삶을 바꿀 수 있다는 점이다. 이는 문제의 원인을 자신 탓으로 돌리는 것과는 분명히 구분해야 할 점이기도 하다.

내가 나 자신을 바꿀 수 있다는 것, 이것만큼 삶에서 매혹적이고 감동적인 것도 없다. 세상의 여러 문제들을 해결하기 위해 우리는 노력을 게을리하지 말아야 한다. 그러나 세상이 바뀐 이후에야 우리 삶이 나아지거나 행복해질 수 있다면 과연 우리에게 희망이 존재할 수 있을까. 이 책의 여러 장들은 우리 안에 그 바위들이 어떤 양상으로 잠겨 있는지에 대한 예시들이다.

정신분석을 몇 마디 말로 설명하기는 쉽지 않다. 다만 정신분석에서 개인적으로 중요하다고 생각하는 점을 추려보면 다음과 같다. 첫 번째로 정신분석은 자신에 대한 호기심을 회복할 수 있는 구체적인 방편 중 하나다. 아이들은 세상과 자신에 대한 호기심으로 가득한 존재들이다. 성장하면서 우리 대부분은 자신의 삶과 내면에 대한 호기심을 잃어버린다. 그런 호기심이 사라지는 대신 의문 없이 특정한 패턴을 반복하게 되는 '반복 강박'이 생겨난다. 우울증이나 낮은 자존감, 특정한 성격들은 이러한 반복 강박의 대표적인 예들이다.

상당수의 사람들이 같은 고통이 반복되는데도, 그에 대해 문제가 있다고 생각하지 않고 의심조차 하지 않는다. 그런 패턴을 반복하도록 만드는 대표적인 것 중 하나가 바로 방어기제다. 계속해서 남 탓을 하거나(투사), 불행의 씨앗이 자신에게 있다고 느끼면서 스스로를 비난하는 경우들이(자기에게로의 전환) 이에 해당한다. 이것들은 문제의 원인이 어디에서 기원했고, 현재의 어려움에 어떤 영향을 미치는지 보지 못하도록 만든다. 스스로에 대한 호기심을 갖지 못하게 만드는 것이다. 그런 면에서 어떻게 하는 것이 스스로에 대한 충분한 호기심과 관심을 갖는 것인지를 상담가와 함께 알아가는 것이 정신분석의 중요한 과정 중 일부가 된다. 이 책을 통해 우리 내면에 대한 호기심을 조금이라도 회복하거나 충족할 수 있다면 저자로서 더한 영광은 없겠다.

두 번째로 정신분석은 관계의 문제를 다시 바라보게 만든다. 우리 모두가 불완전한 인간이기에 어쩔 수 없이 상처나 소위 트라우마들이 발생한다. 나만큼 부모, 부모의 부모들도 모두 불완전하고, 심지어 병적인 특성을 가진 존재인 경우도 많았을 것이다. 그 관계에서 받은 트라우마로 인해 병적인 대인 관계 패턴이 생겨난다. 이러한 패턴이 고착되면 누가 보기에도 자신에게 해가 되는 관계를 계속 반복하게 된다. 프로이트는 상담가와의 사이에서 이러한 관계 패턴이 반복되는 것을 '전이'라고 표현했다. 정신분석 상담을 진행하면서 이전에 겪었던 방식과는 다른 안정적인 관계를 형성하고, 전이 안에서 반복되는 패턴에 대한 새로운 깨달음이 생겨나면 생각과 감정, 행동, 그리고 삶이 바뀌기 시작한다.

세 번째로 정신분석은 과거와 현재의 관계를 재설정하도록 돕는다. 과거 없는 현재는 없다. 또한 현재의 상태가 과거를 바라보는 시선에 영향을 준다. 그럼에도 정신분석을 전공하지는 않지만 심지어 상담을 업으로 삼는 이들조차 정신분석은 과거의 일에 집착한다는 비판을 가한다. 그러나 정신분석은 시간을 돌려 과거를 수정하는 것이 아니다. 어느 누구도 그럴 수 없다.

정신분석은 현재를 다루는 학문이고 방법론이다.

예를 들어 시인 김수영의 부인이었던 김현경의 에세이 《김수영의 연인》의 첫 문장은 엄마에게 야단맞고 다락방에 잠시 유폐된 소녀(자신)에 대한 기억으로 시작한다. 김수영과의 평생을 회고하는 글 처음에 등장하는 어머니와 관련된 유년의 기억과 (다소 병적으로 보이는) 김수영과 그의 애증 관계 사이에 관련이 없다고 말할 수 있을까. 이때 유년의 기억은 흘러간 과거의 편린으로 보기는 어렵다. 오히려 현재 안에 생생히 살아 있는 내면의 어떤 것이라고 하는 게 더 적합할 것이다. 다시 말해 정신분석은 연대기적 시간과는 별개로 현재 내면의 시간, 즉 현재의 의미에 집중하게 돕는다.

끝으로 정신분석은 나의 삶을 이루는 연결들을 전체적으로 볼 수 있게 해준다. 나는 인간의 삶과 내면, 행동은 모두 이어져 있다는 게 정신분석의 기본적인 세계관이라고 생각한다. 과거가 현재와 연결되고, 부모와의 관계에서 형성된 특정 패턴이 다른 타인과의 관계 속에서 반복되며, 상담실 밖에서의 패턴들이 상담실 안에서 반복된다. 전날 낮에 있었던 일이 밤에 꾼 꿈과 연결되며, 과거의 기억과 트라우마들이 그 과정에 섞이기도 한다.

한 예로 자신은 성장 과정에서 문제없이 무난하게 자랐는데, 왜 이렇게 힘들어하는지 모르겠다고 말하는 내담자들을 자주 만나게 된다. 하지만 상담이 진행되면 대개 기존의 생각과 전혀 다른 모습들이 펼쳐진다. 이러한 내담자들은 내면에서 자신의 과거나 트라우마들, 현재의 상태 사이에 연결성이 끊어져 있는 셈이다. 이러한 연결성이 어떤 식으로 이루어져 있는지를 알아가고, 그 연결들을 회복하는 것이 정신분석의 중요한 과정 중 하나다.

이 책에는 많은 사례들이 나온다. 프라이버시 문제 때문에 구체적인 개인의 이야기를 수록할 수는 없었다. 모든 사례들은 단수형으로 제시되었지만, 실제로는 흔한 유형별로 분류하고 정리한 복수형들이고 일반적인 내용들이다. 거기에 개인적인 요소들, 예를 들어, 직업이나 나이, 가족 관계 등등은 내가 임의로 부여한 특성들이다. 다만 미당의 〈선운사 동구〉와 관련된 사례는 필자와 가까운 지인의 이야기인데, 당사자의 허락을 받아서 게재하였고 개인사와 관련된 부분이나 시 해석 부분은 상당한 정도로 변형이 되었다.

* * *

뉴욕 유학과 관련해서 여러 분들에게 너무 많은 도움과 큰 사랑을 받았다. 이 자리를 빌려 감사의 말씀을 전하고 싶다. 한여름에 도착해서 집을 구하기까지 20여 일 동안 기꺼이 방을 내어주신 나성수, 정성심 선생님 부부께 다시 한번 감사의 말씀을 드린다. 막상 타국에 살아보니 다른 가족들에게 사적인 공간의 일부를 내어준다는 게 얼마나 대단한 것인지 절감하게 되었다.

제이에프케이 공항에 도착해서 다시 미국 땅을 떠나는 날까지 미국 공인중개사인 헬렌 장 여사님의 도움이 없었다면 미국에서의 생활은 훨씬 더 고달팠을 것이다. 그만큼 여러 면에서 많이 의지했고, 그때마다 늘 기꺼이 도움을 주신 분이었다. 미국에서 처음으로 경험한 많은 일들과 대부분의 추억은 뉴저지 베를린 치과 스티븐 강 원장님과 소프라노 김성지 선생님 부부 덕분이었다. 이제 나는 남부 뉴저지 해변의 고운 모래와 바람의 기억 없이는 더 이상 해변에 대해서 생각할 수 없게 되었다. 이는 캠핑에 대해서도 마찬가지다. 이분들과의 소중한 인연을 이어주신 이병재 선생님께도 깊은 감사의 말씀을 드리고 싶다.

개인적으로 기독교인은 아니지만, 늘 걱정해주시고 기도해주신 예일대학병원 안경흡 선생님과 신계이 선생님 부부께, 그리고 안경흡 선생님 댁에 가끔 모여 서로의 안부를 확인하던 동문

선후배님들께 감사를 전하고 싶다. 단지 고국에서 온 동포라는 이유만으로 생면부지의 남에게 많은 호의와 도움을 베풀어주신 이성원 선생님과 뉴욕 뉴저지 한인 의사 모임의 선생님들께도 감사를 드린다. 많은 신세를 진 대니얼 부모님, 준 부모님, 다니 부모님, 그리고 테너플라이 한국인 지인 분들께 모두 감사의 말씀을 드리고 싶다.

뉴욕에서 동고동락했던 한국인 동료 선생님들, 뉴욕에서 먼저 공부하셨던 선배 선생님들, 유학 기관을 정할 때 많은 정보와 조언을 주셨던 최병건 선생님께도 이 자리를 빌려 감사를 드린다. 김미경 선생님은 뉴욕에 오실 일이 있을 때마다 많은 격려와 지지를 해주시곤 했는데, 감사의 말씀을 충분히 드린 적이 없는 것 같다. 미국에 가기 전 내 분석가와 이 글을 읽을 일은 없겠지만 뉴욕의 내 분석가 및 선생님들께도 깊은 감사를 드린다.

책을 집필하는 과정은 나의 내면에 깊이 몰입할 수 있는 충만한 시간이었지만, 글이 잘 써지지 않을 때는 괴로움의 시간이기도 했다. 그럴 때면 답답함을 가라앉히는 데 ㈜골드브릭스의 김남호 대표가 보내준 콤부차가 많은 도움이 되었다. 김 대표에게 다시 한번 감사를 표한다.

양가 부모님의 깊은 관심과 염려가 아니었다면 유학과 이 책은 불가능했을 것이다. 그 깊은 사랑에는 어떤 말로도 감사의 마음을 충분히 표현할 수 없을 것이다. 처외조부모님은 손주들에게도 늘 각별한 관심을 기울이셨는데, 안타깝게도 귀국한 지 얼마 되지 않아 처외조부님께서 유명을 달리하셨다. 전작(《나는 아직도 사람이 어렵다》)을 여러 번 읽으시고 몇 가지 중요한 지적을 해주기도 하셨다. 이 책이 출간되는 걸 보셨으면 어느 누구보다 기뻐하셨을 것 같다. 크고 작은 도움을 주셨던 여러 친척들과 지인들께도 이 자리를 빌려 감사의 말씀을 드린다.

출판사 대표님과 편집부 관계자 분들의 헌신이 없었다면 이 책이 나오기란 불가능했을 것이다. 노고에 깊이 감사드린다.

정신분석과 문학은 내 인생의 닻이다. 문학과 관련된 내용들이 여기저기 나오는 것은 이 때문이다. 하지만 아무것도 가족만한 닻을 대신할 수 없다. 삶의 중요한 시기를 가장 고달프지만 치열하게 함께 살아낸 아내와 두 아이들에게 깊은 감사와 사랑을 전하고 싶다.

....

1장

아파하되
자책하지 말 것

....

약간의 죄책감과 자책감은 우리 삶에 필요하다.

그 감정들을 적절하게 사용하면 자기 성찰로 이어지고,

그것들은 다음 단계를 위한 원동력이 된다.

그러나 죄책감과 자책감이 과도해지면 스스로에게 상처를 입힌다.

다행히 우리 모두의 시간은 흘러가고, 우리 모두의 삶도 변한다.

이 사실은 모두에게 공평하다.

다만 그 변화가 어떤 방향으로 갈 것인지는

이 감정들을 어떻게 받아들이고 풀어나갈 수 있는지에 달려 있다.

내 탓으로부터 벗어나려는 노력

심리적 재경험

.
.
.
.
.

대학 졸업을 앞둔 A라는 여성이 병원에 왔다. 그녀는 처음에는 불면증 때문에 힘들다고 호소했다. 잠자리에 누우면 낮에 했던 일들이 떠올라서 잠을 잘 수 없다는 것이었다. 남이 보기엔 별것 아닌 일임에도, 조금이라도 자신이 실수했다고 느껴지는 일들이 머릿속에 계속 맴돌았다. 꺼지지 않는 엔진처럼 후회가 마음을 가득 채웠다. 후회들의 바탕에는 '다 내 잘못'이라는 생각이 깔려 있었다.

'그렇게 말할 필요는 없었는데, 내가 성급했어.'

'그 사람 분명 기분 나쁜 표정이었어. 내가 실수한 걸까?'

'조금만 더 참으면 됐을 텐데, 내가 다 망쳐버린 거야.'

A의 진짜 문제는 무엇이었을까. 사람의 마음은 복잡하기 때문에 한 가지 원인으로만 설명하기는 어렵다. 하지만 세상을 부정적으로 바라보고 모든 것을 내 잘못으로 여기는 시각, 누군가를 탓하기보다 모든 것을 자기 잘못으로 돌리며 자신을 미워하는 태도는 대체로 사랑받지 못한 어린 시절의 트라우마로부터 시작되는 경우가 많다. A가 그랬다. 그녀는 성장하는 동안 한 번도 부모의 사랑을 느끼지 못했다. 3대 독자였던 오빠는 부모의 보석이자 집안의 기둥이었다. 오빠와 조금이라도 다툼이 있으면, 부모는 항상 오빠 편을 들면서 A를 야단치고 비난했다.

안타깝지만 우리는 시간을 과거로 돌려 다시 체험할 수 없다. 트라우마는 과거의 충격이 현재에도 생생히 진행 중인 상태와 직결된다. 고통스럽고 불안한 마음이 그러한 과거의 현재성을 잘 보지 못하도록 만들 뿐이다. 현재 안에서 살아 숨쉬는 과거의 영향력을 실제 현재와 구분하는 것이 애도의 중요한 과정이다. 물론 사람마다 고통받는 지점은 모두 다르고, 저마다의 경험에 따라 트라우마를 회복하는 방법도 달라질 것이다. 특히 작가나 예술가들은 자신들의 트라우마 경험과 심리적 고통을 작품을 통해 재현하고 승화시킨다. 대표적인 예 중 하나가 모르는 사람이 없을 작품 《피터 팬Peter Pan》, 그리고 그 작품을 집필한 제임스 배리James M. Barrie다.

풀어내지 못한 감정의 덩어리

제임스 배리는 스코틀랜드 중산층 가정의 열 남매 중 아홉째로 태어났다. 제임스가 일곱 살이던 무렵, 당시 열세 살이던 형 데이비드가 스케이트를 타다가 넘어져서 크게 다치는 사고를 당했다. 이후 데이비드는 몇 시간 만에 바로 사망한다. 예기치 못한 아들의 갑작스러운 죽음으로 인해 제임스 배리의 엄마 마거릿은 심한 우울증에 빠져들었고, 대부분의 시간을 어두운 침실에서 누워서 보냈다고 한다. 마거릿의 유일한 위안은 죽은 아들 데이비드가 천국에서 성장을 멈춘 채, 열세 살의 나이로 영원히 늙지 않고 살아갈 것이라는 몽상이었다.

일곱 살의 제임스는 엄마의 사랑과 관심이 필요했다. 그러나 침실에 누워 있는 엄마는 남은 아홉 남매들에게 사랑을 쏟을 힘이 부족했다. 그러던 어느 날, 제임스가 어둡고 침침한 엄마의 방문을 열었다. 등을 돌리고 벽을 향해 누워 있던 엄마가 문이 열리는 소리에 외쳤다.

"거기 너니, 데이비드?"

제임스는 대답했다.

"아니에요, 엄마. 저예요, 제임스."

순간 정신을 차린 마거릿은 침대에서 일어나 앉아 두 팔을 벌리고 제임스를 안아줬지만, 이 일화는 제임스가 엄마와의 관계에서 받았을 지대한 영향을 짐작해볼 수 있는 상징적인 사건으로 보인다.

아무리 엄마가 두 팔을 벌려 제임스를 따뜻하게 안아주었다 한들, 심한 우울증으로 대부분의 시간을 누워 있는 엄마를 보면서 제임스는 무엇을 느끼고 생각했을까. 게다가 엄마의 마음이 온통 죽은 형에게 가 있고 자신에게 관심이 없다는 것(물론 엄마도 나름대로 애를 쓴 부분도 많았겠지만, 지금 우리는 제임스의 입장에서 생각해볼 필요가 있다)을 일곱 살의 어린아이라고 해서 몰랐을까. 아마도 제임스의 마음에는 무력감, 실망, 낙담, 슬픔, 고통, 분노, 안타까움 같은 것들이 있지 않았을까.

그런데 문제는 아이들이 성장하면서 인지가 충분히 발달하기 전까지는 이렇게 자신 안에 있는 여러 감정들이나 현재 상황들을 섬세하게 생각하고 느끼지 못하는 경우가 많다는 것이다. 대개는 전체적으로 뭉뚱그려진 부정적인 감정의 덩어리에 압도되기 때문이다. 이러한 감정의 덩어리를 조금씩 구분하고 인지하고 느끼고 언어로 표현할 수 있도록 도와주는 것이 바로 부모와 어른들의 역할이다. 예를 들어 아이가 울고 있다고 하자. 아이는 자신이 속상해서 우는 것인지, 억울해서 그런 것인지, 아니면 화가 났기 때문인지 알 수 없다. 그래서 부모와 어른들은 최대한 아이 눈높이에서 대화하려고 노력하고, 아이가 무슨 생각을 하는지 어떤 감정인지 궁금해해야 한다. 또한 아이의 목소리에 최대한 귀 기울여주는 태도가 필요하다. "그래, 우리 ○○가 많이 슬펐겠구나." "네가 화가 많이 났었겠구나." 이렇게 공감하는 말을 건네며 마음을 읽어주는 과정과 함께 상황에 대한 설명도 중요하다.

감정을 구별할 수 있도록 돕는 것은 말만으로는 어렵다. 기본적으로 아이에 대한 공감과 배려, 보살핌이 깔려 있어야 가능하다. 부모와 아이가 애정과 신뢰를 갖고 상호작용할 때, 아이는 자신의 마음을 좀더 이해하게 된다. 부모와 충분히 교감하며 성장한 아이들은 자신이 처한 상황에 대해 지나치게 비관하거나 낙관하지 않고, 좀더 객관적으로 바라볼 수 있는 태도와 힘을 갖게 된다. 자신의 내면과 외부에서 일어나는 것들에 담긴 복잡한 결들을 구체적으로 세분화해가면서 느끼고 이해하면, 타인의 관점이나 생각, 느낌도 이해할 수 있다.

트라우마적인 사건에 의해 아이의 마음에 생겨나는 부정적인 감정의 덩어리들을 함께 풀어가는 이러한 '중화' 과정이 충분치 않을 때, 언어로 풀어내지 못한 감정의 덩어리가 어떤 이물질처럼 마음속 깊이 자리 잡는다. 그리고 성장하는 과정에서 당사자는 자신의 내면 깊숙이에 무언가가 자리 잡고 있다는 것도 잘 느끼지 못한다. 몸은 자라지만, 마음 한구석에 나무옹이가 박혔는데도 고통을 느끼지 못한다. 나중에는 그것이 자신에게 어떤 문제를 만들어내는지도 모르게 된다. 문제는 이러한 것들을 느끼지 못하면 제대로 표현할 수도 없다는 것이다.

이른바 트라우마는 단순히 외부적인 사건만을 일컫는 것이 아니다. 그러한 감정의 덩어리가 전혀 정리되지 않은 상태로 마음 한구석에 흡수되지 않는 이물질처럼 박혀 있는, 어떤 내적 상태에 더 가깝다.

"거기 너니, 데이비드?"라고 외치는 엄마를 보며 일곱 살의 어린 제임스는 어떤 느낌을 받았을까. '내가 지금 느끼고 있는 감정이 슬픔이구나.' '엄마가 죽은 형 때문에 많이 힘들고 우울하구나. 그래서 엄마가 나를 잘 돌봐줄 수가 없구나. 하지만 엄마는 나아질 거고, 그러면 내 슬픔도 나아질 거야'라고 생각했을까. 그보다는 그저 무언가에 압도되는 어떤 막연하고도 부정적인 감정에만 휩싸이지 않았을까.

오히려 제임스 배리는 어쩔 수 없는 데이비드의 사고를 보며 이 모든 게 '내 잘못'이라고 생각했을지도 모른다. 일반적으로 아이들은 자신이 감당하기 힘든 고통스러운 상황이 발생하면, 자신을 중심으로 문제를 해석하는 경향이 있다. 즉 '나 때문에'라는 마음이 생겨나는 것이다. 심지어 제임스 배리는 형 대신 자신이 죽었으면 엄마는 행복했을 거라고 생각했을 수도 있다. 어느 쪽이든 이 모든 상처는 제임스 배리의 마음속에서 사라지지 않았던 것 같다. 이후 제임스 배리는 죽은 형 데이비드와 같은 옷을 입거나, 그의 목소리와 걸음걸이를 똑같이 흉내 냈다고 한다. 그의 엄마는 이러한 제임스를 보며 다시 충격에 빠진 적도 있었다고 한다. 이미 지나간 일에 대한 가정이지만, 제임스가 느꼈던 감정들이 좀더 세분화되고 언어로 충분히 표현될 수 있었다면, 처음부터 문제가 되는 행동들은 훨씬 줄었을 것이다.

성인이든 아이든, 감정의 덩어리가 잘 정리되지 않으면 문제가 발생한다. 감정이 엉켜 있다는 말은 그것이 무엇인지 잘 모른다는 뜻이다. 또한 자신의 상태를 나타내는 감정에 대해 섬세한 마음으로 살피지 못한다는 것은 곧 자신에 대해 잘 알지 못한다는 의미이기도 하다. 자신을 잘 알지 못하면, 타인을 이해하기도 어렵다. 내가 어떤 상태인지, 지금 어떤 감정을 갖고 있는지 명확히 모른다면 어떻게 될까. 그것들이 내 성격이나 행동에 어떤 영향을 끼치는지, 또한 타인들에게는 어떤 의미로 다가갈지도 알지 못하게 된다.

《피터 팬》과 인간의 복잡한 마음

《피터 팬》은 제임스 배리가 자신의 경험을 심리적으로 재경험하고 트라우마를 극복하려는 과정에서 나온 산물로 생각할 수 있다. 그렇다면 '심리적 재경험'이란 무엇일까? 일찍이 프로이트Sigmund Freud가 이러한 심리적 재경험 현상에 대해 말한 적이 있다. 이를테면 어떤 트라우마와 관련된 사건을 경험한 사람들의 마음속에서 그 상황이 계속 반복되는 경향을 일컫는다. 큰 충격을 안긴 사건이나 사고의 피해자들이 계속 과거를 곱씹으며 '그때 이랬어야 했는데, 저랬어야 했는데' 하며 자책하는 경우가 대표적이다.

이러한 심리적 재경험은 당시 상황을 마음속에서 재현하면서 트라우마에 대해 다른 방식으로 접근하고 극복하기 위한 심리적 노력의 일환이다. 작가들에게는 작품이 이러한 심리적 재경험의 장場이 되는 경우가 흔하다. 그렇다면 이 작품에서 피터 팬은 누구를 상징할까. 먼저 피터 팬은 제임스의 죽은 형 데이비드라고 볼 수 있다. 엄마 마거릿이 그토록 소원해 마지않았던, '열세 살의 나이로 어딘가에서 영원히 늙지 않고 살아갈' 아이가 바로 피터 팬이기 때문이다. 이런 면에서 작가는 엄마의 소원을 작품 속에서 이루어준 셈이다.

다른 한편으로 피터 팬은 작가 자신이기도 하다. 원작에서 피터 팬은 매우 공격적이다. 웬디를 네버랜드로 데려갈 때도 막무가내의 태도를 보인다. 후크 선장과 싸울 때, 피터 팬은 그의 팔을 잘라 악어에게 던져줬다. 이러한 공격적인 태도들을 보건대, 작가인 제임스 배리는 피터 팬을 통해 죽은 형 데이비드를 밀치고 들어갈 자리를 내어주지 않은 엄마에 대한 마음속 깊은 원망과 분노를 해소한다고 볼 수 있다. 우리 모두의 내면, 특히 무의식 속에는 이러한 상반된 감정들이 공존한다. 이를 '양가감정'이라 부른다. 《피터 팬》이 갖는 심리학적 묘미 중 하나는 이러한 양가감정들을 한 캐릭터 안에 잘 소화시켜놓았다는 점이다.

앞서 말했듯이 형 데이비드가 사고로 사망할 당시, 제임스의 나이는 일곱 살이었다. 일곱 살은 프로이트의 정신분석에서 상당히 중요한 시기에 해당한다. 프로이트는 오이디푸스 콤플렉스가 나타나는 시기가 대략 만 3세에서 6세 사이라고 했다. 일곱 살이면 여전히 오이디푸스 콤플렉스의 영향권 안에 있는 것이다. 우리에게 잘 알려진 오이디푸스 콤플렉스를 간단히 정리해보자. 오이디푸스 콤플렉스에서는 대개 동성 부모가 경쟁 상대로 여겨진다. 아이들이 이성 부모의 사랑을 독차지하기 위해 동성 부모와 경쟁하고, 동성 부모에 대한 공격성을 발달시킨다. 동시에 이는 동성 부모를 동일시하고 닮아가는 과정이라고 할 수 있다. 그러나 동성 부모를 상징하는 다른 이들(예를 들어 제임스의 경우 형 데이비드)도 얼마든지 경쟁 상대가 될 수 있다.

많은 작품, 전래 동화, 아이들의 상상 속에서 오이디푸스적 경쟁 대상은 힘센 악당으로 형상화되는 경우가 많다.《피터 팬》에서는 후크 선장이 여기 해당한다. 즉 후크 선장은 아버지이기도 하고 죽은 형 데이비드이기도 하다. 오이디푸스의 시기에 아이들이 공격성을 발달시키는 동안 그에 따른 죄책감도 마음속에 함께 자리 잡는다. 따라서 오이디푸스 콤플렉스의 대상이 되는 인물들에게는 중요한 역할이 있다. 그중 하나는 죽지도 말아야 하며 보복하지도 말아야 한다는 것이다. 여기서 죽는다는 것은 실제가 아니라 상징적인 의미다. 제임스의 형인 데이비드처럼 오이디푸스 콤플렉스의 대상이 문자 그대로 죽어버리면, 아이에게는 상당히 복잡한 심리적 과제가 주어지게 된다.

오이디푸스 신화에서는 오이디푸스가 자신의 아버지인 라이오스를 죽인다. 현실에서 이런 부친 살해는 흔한 일이 아니다. 하지만 무의식 같은 마음 깊은 곳에서라면 어떨까. 이를 쉽게 볼 수 있는 장면이 바로 아이들의 놀이다. 아이들의 놀이에서는 아버지든 어머니든 누구든 쉽게 죽고 죽인다(그리고 곧 살아난다). 이러한 아이들의 놀이를 통해 프로이트와 후대 정신분석가들은 아이들의 내면 세계에 이러한 공격적인 환상이 늘 존재하며, 이는 아동기가 끝나더라도 모든 성인의 무의식 속에 자리 잡는다고 보았다. 성인이 아이들과 다른 점은 도덕과 죄책감 때문에 그러한 생각이나 환상을 의식적으로 쉽게 느끼기 어렵다는 점뿐이다.

실제로 상담을 받으러 오는 많은 내담자들이 상담 과정에서 공격적인 환상(정신분석에서 말하는 환상은 우리가 일상에서 말하는 '상상'이나 '몽상'이라는 단어에 가까운 의미다)이나 생각 또는 이미지들이 떠오를 때 상당히 당혹스러워하는 경우가 많다. 이러한 환상의 대상이 되는 존재가 갑자기 죽거나 큰 사고라도 당하면, 어린아이들이나 사춘기 아이들(이전 심리 발달의 과제들이 사춘기에 다시 한번 '총 정리'되는 것으로 알려져 있다)은 비이성적인 죄책감을 갖게 되는 경우가 흔하다. 자신의 공격성으로 인해 그런 결과가 초래된 것 같은 느낌을 갖기 때문이다. 이러한 현상은 매우 흔하고 보편적이다.

《피터 팬》에서는 대상을 데이비드나 아버지가 아닌 '절대 악' 후크 선장으로 바꾸어서 이러한 공격성과 죄책감 사이의 긴장을 피한다. 제임스 배리는 아마도 자신의 마음 안에서 일어난 변용 과정까지는 알지 못했을 것이다. 다만 오이디푸스적 경쟁 대상인 형 데이비드가 실제로 죽었기에, 제임스는 오이디푸스 시기와 관련된 공격성과 죄책감의 발달과 해결에 상당한 어려움을 겪었을 가능성이 있다. 여기에 덧붙여 엄마 마거릿이 죽은 형 데이비드에게 집착했다는 사실은 제임스의 심리 발달을 훨씬 더 복잡하게 만들었을 것이다. 실체 없는 유령과의 경쟁이라니. 이건 너무나 불공정한 게임의 룰이 아닌가. 제임스 배리는 《피터 팬》을 집필하며 심리적 재경험을 통해 트라우마를 어느 정도는 벗어난 것처럼 보이지만, 충분하지는 않았던 것 같다. 안타깝게도 엄마 마거릿의 사후 그의 삶은 상당히 불행했다고 알려져 있기 때문이다.

내 마음의 속도를 존중하는 일

눈을 감고 조용히 상상해본다. 엄마의 손길이 절실한 일곱 살의 아이. 엄마는 심한 우울증으로 식음을 전폐하고 드러누워 있다. 아이는 자신이 품었던 '나쁜 마음' 때문에 형이 죽었다는 괴로움에 시달리고 있다.

'내 잘못이야.'

'나 때문이야.'

이 같은 자책감이 어린아이를 짓눌렀을 것이다. 사고로 형이 죽고 엄마가 슬퍼하는 모습을 보며 그 아이는 어땠을까. 엄마의 마음은 그 유령(죽은 형)이 다 차지하고 있어서 아이가 비집고 들어갈 자리가 별로 없다. 이런 복잡하고 고통스러운 마음을 가진 이가 《피터 팬》이라는 소설이 아니었으면 과연 어떤 삶을 살았을까.

약간의 죄책감과 자책감은 우리 삶에 필요하다. 그 감정들을 적절하게 사용하면 자기 성찰로 이어지고, 그것들은 다음 단계를 위한 원동력이 된다. 그러나 죄책감과 자책감이 과도해지면 스스로에게 상처를 입힌다. 다행히 우리 모두의 시간은 흘러가고, 우리 모두의 삶도 변한다. 이 사실은 모두에게 공평하다. 다만 그 변화가 어떤 방향으로 갈 것인지는 이 감정들을 어떻게 받아들이고 풀어나갈 수 있는지에 달려 있다.

감정이란 이성이나 논리와는 다르다. 서로 상반된 것들이 다양한 결을 가지고 함께 존재한다. 이 모든 것을 한번에 알아내기란 쉽지 않다. 그래서 이성과 달리 움직이는 마음을 기다려야 한다. 자신만의 마음의 속도를 존중해야 한다.

'아직도 모자라. 더 열심히 해야 해'

자아 이상

전쟁에 참전해야 했던 가난한 젊은 장교가 있다. 그의 이름은 제이 개츠비. 그에게는 사랑하는 여자 데이지가 있었지만, 부유한 데이지의 집안은 개츠비를 받아들이지 않는다. 둘은 서로의 신분 차이로 인해 헤어진다. 훗날 개츠비는 엄청난 부를 쌓아서 돌아온다. 그는 이미 다른 남자와 결혼한 데이지가 여전히 자신을 사랑한다고 생각한다. 심지어 지난 3년의 결혼 생활 동안 한 번도 그녀가 남편을 사랑하지 않았을 거라고 믿고 있다.

시간은 흘러가지만, 개츠비는 데이지와 헤어지던 그때 그대로다. 다시 말해 그의 무의식은 시간과 함께 흐르지 않고 그대로 고정되어 있다. 무엇이 그의 마음을 눈멀게 한 것일까. 어떤 사람들은 개츠비가 사랑을 위해 모든 것을 내던진 로맨티시스트라고 생각한다. 그러나 개츠비는 데이지에게 집착하며 자신의 출생과 학력뿐만 아니라 과거 전체를 조작한 인물이기도 하다. 개츠비는 도대체 왜 그랬을까.

프로이트는 우리 마음속에 있는 자신에 대한 이상적인 기준을 '자아 이상ego-ideal'이라 했다. 자아 이상이란 '내가 지향하는 모습' 내지는 '내가 되고 싶은 존재'를 일컫는다. 자아 이상은 어느 누구나 갖고 있다. 그러나 자아 이상과 현실이 일치하는 경우는 드물다. 이러한 자아 이상은 스스로를 다그치며 발전할 수 있게 돕는 원동력이 된다. 하지만 자아 이상이 지나치게 비대하거나 높으면 있는 그대로의 자기 모습을 허용할 수 없으며, 말 그대로 자신에게 혹독한 '채찍질'이 될 수 있다.

개츠비의 현실과 그의 자아 이상은 거리가 멀었다. 결국 그는 조작된 자신을 지키는 일에 힘을 쓰다 죽게 된다. 결은 조금 다르지만 개츠비와 비슷한 사례를 우리는 흔히 볼 수 있다. 때로 마음속의 자아 이상은 우리를 가차 없이 몰아붙인다. 뭘 해도 만족을 모르고, '겨우 이것밖에 못 했어? 넌 쓰레기야'라고 외치는 것 같다. 그래서 가혹한 자아 이상을 가진 이들은 자신의 마음을 함부로 때린다. 상처가 깊고, 피가 흘러도 스스로에 대한 매질을 멈추지 않는다.

'완벽한 나'로부터 자유를 찾는 일

....

    임상가의 입장에서 보면 개츠비의 정신적 현실은 실제 외부 현실과는 상당 부분 거리가 있는 듯하다. 프로이트는 〈애도와 우울〉이라는 논문에 우울증 환자의 중요한 내적 특성에 대해 유명한 구절을 남겼다.

    '우울증 환자는 자신이 누구를 잃었는지 알고 있지만, 자기 안에서 무엇을 잃었는지는 모르고 있다.'

    개츠비가 우울증을 앓고 있는 것으로 보이지는 않지만, 상실에 대한 프로이트의 문장은 개츠비에게도 그대로 적용될 수 있다. 개츠비는 현실에서 데이지가 자신을 떠나 다른 남자와 결혼했다는 것을 이성적으로는 분명히 안다. 그러나 자신의 마음속에서는 연인으로서 데이지와의 관계와 사랑뿐만 아니라 데이지라는 중요한 대상이 이미 오래전에 상실되었다는 것을 모르거나 혹은 부정하고 있다. 프로이트는 외부 현실을 받아들이고, 대상에 대한 집착 또는 속박으로부터 자아를 거두어 자유롭게 하는 과정을 애도mourning의 과정이라고 했다. 그런 면에서 개츠비는 삶의 마지막 순간까지도 상실에 따른 애도의 과정이 전혀 진행되지 않은 셈이다. 개츠비에게 애도의 과정이 진행되지 않았다는 사실은 결국 본인에게 비극적인 결말을 가져오는 계기로 작용한다.

우리의 자아 이상이 어떤 것이든, 거기 집착하게 되면 점점 '현실의 나'와 멀어지게 된다. 개츠비의 자아 이상은 데이지뿐만 아니라 개츠비 자신의 현실도 제대로 보지 못하게 한다. 모든 게 완벽해야만 만족하는 자아 이상은 우리 삶을 단단하게 만들지 못한다.

자아 이상은 잘 풀리면 꿈과 현실을 적절하게 조율하며 사람을 이끈다. 하지만 너무 가혹하거나 비대한 자아 이상에 시달리게 되면 크게 두 가지 결과가 발생한다. 첫 번째로는 내면에서 자신을 부족하다며 다그치는 소리를 듣게 된다. 마음속에서 끊임없이 자신을 몰아붙이거나 공격하는 말이 들린다면, 대부분의 사람들은 자신을 있는 그대로 받아들이기가 어렵다. 이 과정이 반복되면 사존감이 낮아지고, 우울해질 수밖에 없다.

두 번째로는 자신에게 부족함이나 결함이 있을 수 있다는 사실을 철저히 부정하는 것이다. 물론 이 두 가지는 한 사람의 마음속에 같이 존재할 수 있으며, 종종 번갈아 나타나기도 한다. 두 번째 특성이 두드러진 사람에게 부족함, 결함, 결핍 같은 것들은 허용되지 않는다. 그의 삶은 완벽하고 특별해야만 한다. 당연히 그에 걸맞은 고귀한 여성과 신이 점지한 운명적인 만남을 가져야 한다. 개츠비에게는 그 여인이 데이지였다. 그러나 실제 현실의 데이지는 비싼 명품 셔츠에 감동의 눈물을 흘리는 속물일 뿐이다. 개츠비의 과도한 자아 이상이 스스로를 눈멀게 했던 셈이다.

동시에 개츠비의 마음속에 비친 데이지는 개츠비 자신의 이상적인 자아를 투사한 대상에 다름 아니다. 다시 말하자면, 개츠비가 사랑한 것은 실제의 데이지가 아니라 데이지라는 거울에 비친 개츠비 본인의 자아 이상이었던 것이다. 어느새 그는 한 여자가 아니라, 자신이 품은 환상 그 자체를 사랑하게 됐을 것이다.

마음의 시간이 멈췄을 때

자아 이상이 가혹하게 작용해서 스스로를 심하게 매질하는 경우를 우리는 우울증, 특히 만성 우울증이나 경계성 인격장애 환자에게서 흔히 볼 수 있다. 20대 후반인 B는 남자 친구가 떠난 뒤 심한 우울감과 자존감의 저하, 자살 시도 등으로 병원을 찾게 되었다. 실연이 한 계기가 되긴 했지만, 그녀는 이미 오래전부터 주기적으로 우울증을 앓아왔었다. 다만 모든 걸 다 맞춰주던 남자 친구와 있을 때는 우울한 감정을 느끼지 않았고, 한

없이 특별한 존재가 되는 것 같았다.

그녀가 구체적으로 우울이라는 감정을 느끼기 시작한 시기는 10대 중반부터였다. 하지만 아홉 살인가 열 살 무렵 외갓집 처마 끝에서 한없이 떨어지는 빗방울을 보며, 자신의 일상이 그 빗방울처럼 의미 없는 반복이라는 느낌을 받았던 기억은 뚜렷하다고 말했다. 그러니 아마도 그녀의 우울증은 10대 중반이 아닌 훨씬 더 어린 시절부터 시작되었을 가능성이 높다.

그녀에 따르면 그녀의 엄마는 변덕이 심했다. 엄마가 기분이 좋거나 B가 마음에 드는 행동을 했을 때면, 세상에 그토록 딸을 아끼는 엄마가 있을까 싶을 정도였다. 반대로 기분이 좋지 않거나 B의 행동이 조금이라도 마음에 들지 않으면 어린 B가 근처에 다가가는 것도 싫어했고, 정말 사소한 것으로 B를 심하게 비난했다. "너 그러면 엄마 못 살아. 엄마랑 같이 죽든지, 아니면 엄마가 집을 나가버릴 테니 아빠랑 동생들하고 살든지 해"하며 일종의 협박을 하기도 했다.

어린 B는 완전히 상반된 엄마의 태도 사이에서 혼란스러웠다. 그리고 엄마가 협박할 때면, 아무것도 할 수 없는 속수무책의 무력감을 느끼곤 했다. 성인이 된 B와 환갑이 되어가는 엄마의 관계는 여전히 불안정한 진자 운동 같은 상태를 반복했다.

어린 시절과 한 가지 달라진 점이 있다면, B가 어릴 때 일방적으로 엄마에게 당했던 것과 달리 이제는 B도 엄마가 자신에게 했던 방식으로 엄마를 대한다는 것이다. 어느 날 B는 상담에 오기 전 엄마와 심하게 다투었다. 상담에 온 그녀는 너무 화가 나서 순간 자신의 손목을 긋고 싶었다고 했다. 정도가 심하진 않았지만 그녀는 이미 몇 차례 손목을 그은 전적이 있었다. B처럼 자책이 심하거나 종종 자해를 시도하는 많은 이들에게서 나타나는 스스로에 대한 심리적·신체적 공격은 정신분석학적 입장에서 보면 그리 간단치 않은 문제다. 엄마한테 화가 났는데 왜 본인의 손목을 긋고 싶었을까.

자아 이상 개념이 나온 뒤에 프로이트는 인간의 마음을 좀더 도식적이고 구조적으로 설명하고자 했다. 즉 이드id(본능적인 욕구나 욕망, 공격성이나 성적 본능), 자아ego(이드 및 초자아와 현실 세계의 관계를 조율하는 기능), 초자아superego(자신에 대한 이상적인 기준이나 내 안에 들어온 타인 혹은 부모)라는 세 가지 기능이 맞물리면서 사람의 마음이 형성되는 것으로 생각했다. 이드는 본능적인 욕구에 해당하는 것이다. 성적인 욕구나 공격성 같은 것들이 여기 포함된다. 그런데 이러한 욕구들을 적절히 제어하지 못하고 때와 장소조차 가리지 못하면 그 개인의 지속적인 생존은 어려울 것이다. 이러한 역할을 수행하는 것이 자아의 기능이다. 근본적으로 인간은 이드의 충족을 추구하는 존재라는 면에서 프로이트는 이드가 '쾌락 원리pleasure principle'에 관계된다고 했다. 반면에 자아는 욕구 충족에 있어 현실적인 측면들을 고려함으로써 '현실 원리reality principle'에 이바지한다고 했다. 이성적인 판단, 합리적인 융통성, 불확실성을 견디는 힘 등이 모두 자아 기능에 포함된다.

인간은 사회와 문명을 이루고 사는 존재다. 각자의 수준에서 자아가 기능하여 욕구 충족을 조절한다고 하더라도 큰 사회를 이루어 살려면 여러 가지 문제가 생길 수밖에 없다. 그렇기 때문에 사회적 기준이나 규칙들이 필요하다. 성장 과정에서 이러한 기율들이 마음 안에 자리 잡는데, 이러한 마음의 기능이 초자아다. 양심 같은 것이 대표적이다. 초자아에는 이러한 양심뿐만 아니라 자기 마음 안에서 형성된 기준인 자아 이상도 포함된나.

B와 같은 이들은 대개 자아 기능도 충분치 않은 데다 초자아마저 매우 혹독하다. 따라서 앞서 언급한 상황처럼 공격성과 분노가 올라올 때 이를 적절히 조절하지 못하고 폭발시키는 경우가 많다. 그런데 왜 떠난 남자 친구나 화난 대상인 엄마가 아니라 본인 스스로에게 그 화풀이를 하고 싶었을까. 프로이트에 따르면 이는 B의 마음 안에 있는 대상, 즉 진행되지 않은 애도와 관련이 있다.

남자 친구의 경우 현실에서는 떠났어도 B의 마음 깊은 무의식

속에는 여전히 그대로 남아 있다. 자신의 손목을 긋는 것은 스스로를 용납하지 못하는 가혹한 초자아의 영향이기도 하지만, 동시에 B의 마음속에 계속 살아 있는 전 남자 친구를 공격하는 것이기도 하다. 모녀 관계에서도 마찬가지였다. B는 오랫동안 엄마와의 사이에서 수없이 많은 상실을 경험했다. 만약 충분한 심적인 보살핌을 받은 성인이라면, 엄마와 싸우고 사이가 잠시 틀어져도 생존이 위협받는 듯한 공포나 두려움을 느끼지는 않을 것이다. 대부분은 그냥 말뿐이라서, 언제든 다시 서로 화를 풀고 잠시의 상처를 복구할 수 있다.

하지만 우리는 어린 B의 입장에서 생각해볼 필요가 있다. 어린 B에게 엄마가 폭발적으로 화를 퍼부으며 '죽는 게 낫겠다'라든가 '집을 나가버리겠다'고 협박하는 것이 그저 말로만 느껴졌을까. 실제로 B는 서른이 다 된 성인이었음에도, 엄마와 크게 싸우고 관계가 잠시 틀어질 때면 이 세상에서 엄마가 완전히 사라진 것 같은 느낌을 받곤 했다. 이성적으로는 그렇지 않다는 것을 잘 알면서도 감정적으로는 전혀 그렇지 않았던 것이다. 그럴 때 B의 자해는 스스로에 대한 공격이자, 자신을 버린 듯한 엄마에 대한 공격인 셈이었다. 내면에 자리 잡은 대상에 대한 이러한 공격은 아이들의 행동을 통해 좀더 쉽게 이해할 수 있다. 아빠한테 크게 야단맞고 자기 방에 들어와 방문을 세게 걷어차는 아이를 생각해보자. 이때 아이는 자신을 공격하는 동시에, 아빠 대신 문을 공격하고 있는 셈이기도 하다. 마음 안에 그려진 나쁜 아빠를 공격하고 있는 것이다.

내 마음을 적으로 돌리지 말 것

우리 마음속의 자아 이상이 가혹할수록, 자아 이상을 충족시키기 위해 노력해도 문제가 해결되는 것은 아니다. 노력할수록 점점 더 허들은 높아진다. 이러한 자아의 높은 기준은 성취감이 아니라 무력감을 가져온다. 아무리 애를 써도 내가 원하는 자아 이상을 충족시킬 수 없다는 사실을 느끼기 시작하면, 우리는 우울해진다.

그렇다면 과도한 자기 이상이 만드는 폭력에서 벗어날 방법은 있을까. 여기서 우리는 상실을 받아들이고, 그 상실에 대해 애도해야 한다. 상실은 다양하다. 애도는 죽은 사람을 떠나보내는 것만을 의미하지 않는다. 하루하루 나이 들어가는 것, 그토록 건강했던 내 몸이 조금씩 쇠퇴해가는 것, 자식들이 성장해서 떠나가는 것, 부모가 늙고 병들어 사라지는 것, 중요한 대상에 대한 이상화가 사라져 실망을 하게 되는 것 등, 이 모든 것이 상실의 다른 이름들이다.

상실을 받아들이고 잘 떠나보내기 위해 우리는 마음속에 있는 자아 이상과 현실의 내가 다르다는 사실을 인정해야 한다. 지금껏 삶의 주도권을 모두 자아 이상에게 건넸다면, 이제는 현실의 내가 삶을 움직여야 한다. 물론 상실을 받아들이는 일은 결코 쉽지 않다. 심지어 정신분석 상담을 하면서 스스로의 내면에 대해 좀더 알게 되고 삶이 충만해지는 것도 일종의 상실로 작용하는 경우가 있다. 아니, 그런 경우가 생각보다 흔하다.

C도 그러한 경우였다. 40대 중반 회사원이었던 C는 젊었을 때부터 늘 머릿속이 복잡하고 시끄러웠다. 완벽주의자였기 때문에 일이나 대인 관계에서 최대한 실수하지 않으려고 노력했고, 퇴근 후에는 낮에 있었던 일들을 머릿속에서 '복기'하는 날들이 반복되었다. 조금이라도 본인 마음에 충분치 않은 경우가 있으면 '이랬어야 되는데' 하는 생각이 반복되었고, 한편으로 그다음 날 '이렇게 하면 어떨까'라는 일종의 심리적 '시뮬레이션'이 끊임없이 이어졌다.

몸은 늘 피곤하고 수면의 질도 좋지 않았으나 워낙 오랫동안 익숙해져 있던 패턴이었기 때문에 본인으로서는 상당 기간 동안 뭐가 문제인지 알 수 없었다. 정신과에 오게 된 계기도 극심한 만성피로로 인해 내과에 방문했다가 의뢰된 경우였다. 상담 초반 C는 상담이 진행되면서 자신의 고유한 정체성이 사라지고 이전과는 완전히 다른 사람이 되면 어쩌나 하는 불안에 시달렸다.

의식적으로는 증상이 줄어들고 삶이 좀더 편안해지는 것이 C의 바람이었으나, 아이러니하게도 그러한 변화는 C에게는 자신의 정체성을 잃어버릴 정도로 큰 상실이었다. 실제로 상담이 1년 조금 넘어서면서 C의 머릿속에서는 오히려 불안감이 커졌다. 물론 일시적이긴 했지만 C는 "생각들이 많이 사라져서 편하고 홀가분한 면도 있는데, 느낌이 좀 이상해요. 제가 바보가 된 느낌이 들기도 하고, 뭔가가 몸에서 훅 빠져나간 것처럼 허전한 느낌도 있어요"라고 그 상실감을 표현했다.

잃어버린 것을 떠나보내는 애도의 진행 과정은 아프다. 내가 잃어버린 것을 진정으로 받아들이고, 이미 내 일부처럼 되어 있는 어떤 것을 떠나보내야 하기 때문이다. 하지만 애도는 대상이 떠나갔다는 것을 받아들이면서, 내 기억 속에 그 대상에 대한 사랑과 추억을 간직하는 과정이기도 하다. 개츠비가 그의 자아 이상에 매몰되지 않고, 솔직하게 데이지에게 다가갔더라면 어떻게 됐을까. 다다를 수 없는 자아 이상을 쟁취하려는 개츠비가 아니라, 사랑을 위해 솔직할 수 있는 또 다른 의미의 위대한 개츠비가 되진 않았을까.

자아 이상이 원하는 기준에 맞추기 위해 나를 괴롭힐 필요는 없다. 누구보다 귀한 자신을 폭력적으로 대하다 보면, 내 마음이 적이 될 수도 있다. 자신의 마음을 적으로 만들지 않으려는 태도가 필요하다. 그리고 내 마음은 동반자이자 조력자여야 한다. 이 모든 변화는 시간이 지나면 자연스럽게 만들어지는 일이 아니라, 우리 자신이 만들어내는 것이기 때문이다. 소중한 '나'가 자아 이상에 압살당하지 않도록, 우리는 자아 이상과 현실의 '나' 사이의 간극을 냉철하게 바라볼 필요가 있다.

| 경계성 인격장애 |

성격상 나타나는 병리로, 대단히 격정적인 성격 특성을 보인다. 버려짐에 대한 극단적인 공포가 있고, 대상에 대한 이상화와 평가절하를 반복하며 매우 불안정한 대인 관계 양상을 보인다. 만성적인 공허감과 끝없는 만성적인 우울감을 경험하는 경우가 많고 감정 기복이 심하며, 반복적인 자해나 자살 시도가 특징이다.

'내가 모르는 나'에 대한 공포

투사

．
．
．
．
．

정신과 의사로서, 그리고 정신분석을 전공한 상담가로서 자주 듣는 말이 있다.

"제 문제는 다 알아요. 어릴 때 부모님과 문제가 있었고, 그로 인해 제가 지금 힘든 문제들을 겪고 있다는 사실을 잘 압니다. 하지만 어차피 과거로 돌아갈 수 없고, 부모님도 달라졌어요. 과거를 헤집어봐야 지금 제 삶을 바꿀 수도 없지 않나요?"

다른 한편으로 어떤 이들은 이렇게 말한다.

"저도 프로이트와 정신분석에 관심이 많아서 책도 읽었어요. 무의식이라는 게 참 신기하기도 하고 제 안에 무엇이 있는지 무척 궁금하기도 해요."

하지만 상담을 권하면 상당수는 한 발 뒤로 물러선다. 시간이 없거나, 돈이 없다는 이유로 자신을 알아가는 일 앞에서 멈칫한다.

정신분석에 대해 소극적인 사람들만 있는 것은 아니다. 많은 내담자들이 증상을 비롯해 무언가 불편하고 고통스러운 것으로부터 벗어나기 위해 상담을 찾는다. 그런데 묘하게도 변화가 시작되는 길목에서 기존의 고통스러운 패턴으로 회귀하는 사람들이 있다. 고통으로부터 충분히 벗어날 수 있을 것 같은데, 다시 처음으로 돌아가는 것이다. 왜 자신의 문제를 근본적으로 해결하고 싶다고 말하면서도 막상 그 앞에 서면 머뭇거리거나 원점으로 회귀할까. 물론 시간과 돈의 문제일 수도 있다. 하지만 나는 다른 맥락이 있다고 본다.

많은 사람들이 자신의 문제에 대해 잘 알고 싶다고 말한다. 그런데 정말 그럴까. 나를 안다는 것, 의식에 충분히 드러나지 않은 내 내면을 알아가는 일은 정말 흥미진진하다. 그러나 어떤 이들에게는 생각보다 고통스럽고 두려운 과정으로 여겨지기도 한다. 프로이트 하면 떠오르는 《오이디푸스 왕》이 그 괴로움을 생생하게 보여준다.

프로이트는 왜 오이디푸스에 주목했을까

고대 그리스의 도시국가 중 하나인 테베에 역병이 돌아 수많은 사람들이 죽어가고 있다. 이미 오래전에 스핑크스의 수수께끼를 풀어 이 도시를 구원한 적이 있는 영민한 왕은 신하에게 명령을 내려 나라를 구할 신탁을 받아오게 한다. 신탁은 선왕 라이오스를 살해한 범인이 여전히 도시 안에 머물고 있고, 선왕이 흘린 피가 도시 전체에 역병을 몰고 왔다고 전한다.

이제 범인을 찾기 위한 왕의 수사가 시작된다. 먼저 결론을 말하자면, 범인을 찾는 왕도, 범인도 모두 오이디푸스다. 어떻게 그가 범인이자 수색자가 되었을까.

오이디푸스는 원래 테베의 왕 라이오스와 왕비 이오카스테에게서 태어났다. 라이오스는 오이디푸스가 태어난 직후 신탁을 받는다. 그 신탁은 아기가 장차 성인이 되어 아버지를 죽이고 어머니와 결혼할 것이라는 내용이었다. 이에 라이오스와 이오카스테는 양치기에게 젖먹이 아이를 산속에 내다버리라고 명을 내린다. 양치기는 아이의 발을 묶은 채 지게에 매달아(오이디푸스는 '부은 발'이라는 뜻이다) 산속으로 간다. 그런데 아이는 코린토스의 사자使者에 의해 구출되어 코린토스 왕 부부의 양자로 들어가게 된다.

오이디푸스는 이 사실을 전혀 모른 채 자란다. 성년이 된 오이디푸스는 장차 아버지를 죽이고 어머니와 결혼하게 될 것이라는 신탁을 받고, 공포와 절망감에 부모(양부모) 곁을 떠난다. 정처 없는 방랑길에 오른 오이디푸스는 라이오스 왕의 일행과 삼거리에서 마주치고 시비 끝에 라이오스를 살해하게 된다.

이후 오이디푸스는 테베로 들어오는 길에, 수수께끼를 맞히지 못하는 사람들을 잔인하게 살해하던 스핑크스를 물리친다. 그는 테베의 왕으로 추대되어 미망인이던 이오카스테와 결혼해서 네 명의 자식을 두게 된다.

프로이트는 왜 하필 이 패륜적인 이야기에 주목한 것일까. 그는《오이디푸스 왕》이 인간 본연의 마음 깊숙한 곳에 자리 잡은 어떤 심리적인 요소를 반영한다고 보았다. 그의 이론에 따르면, 아이(특히 남자아이)에게 어머니는 처음 만나는 이성이다. 그래서 사랑을 갈구하고 집착하며 아버지의 자리를 대신 차지하려고 한다. 하지만 자신보다 우월한 아버지에게 반항할 경우 남근을 거세당할 것이라고 생각하여 아버지를 두려워하면서도 증오한다.

아이는 마음속에서 갈등을 겪다가 결국은 남근을 지키기 위해 어머니에 대한 욕망을 포기한다. 그리고 '공격자'로 여겨지는 아버지와 자신을 동일시함으로써 두려움과 증오를 해결한다. 이러한 과정에서 아이 마음속에 새겨지는 아버지의 이미지가 초자아다. 초자아는 마음의 중요한 한 부분이 되어, 스스로에게 기대되는 모습에 대한 기준, 규율이나 양심 등에 대한 태도에 영향을 미친다.

이것이 그 유명한 오이디푸스 콤플렉스다. 물론 프로이트의 남근 중심적 설명에 대해 숱한 비판이 가해졌지만 많은 학자들이 다양한 관점과 해석을 덧붙였고, 지금도 이론적으로나 임상적으로 유효하고 중요한 개념으로 남아 있다.

프로이트가 강조한 해석 외에 오이디푸스 왕의 이야기는 정신분석의 관점에서 상당히 많은 생각거리를 제공한다. 그중 하나가 '나는 누구인가'다. 오이디푸스는 누구인가. 코린토스의 왕자였고, 지금은 테베의 왕이다. 한 여자의 남편이고 네 자식의 아버지다. 그런데 그는 테베에 역병을 가져온 범인에게 지독한 저주를 내린다.

앞서 언급했던 것처럼 테베를 망친 범인과 그 범인을 찾는 수색자는 모두 같은 사람, 오이디푸스다. 이 얼마나 통렬한 아이러니인가. 그토록 똑똑하고 세상의 모든 것을 가진 왕이지만, 저주의 대상이 사실은 자기 자신이라는 것을 모른다. 정신분석의 가장 핵심적인 모토 중 하나가 바로 이것이다. 나는 누구인가.

그의 어머니이자 아내인 이오카스테는 이렇게 절규했다.

"오오, 불운하신 분, 당신 자신이 누군지 알지 못하기를!"

그러나 오이디푸스는 '나는 누구인가'라는 물음에 직면했을 때, 외면하거나 피하지 않는다. 오이디푸스는 말한다.

"설령 내 혈통이 미천하다 하더라도 나는 그것을 알아내기로 결심했소이다."

오이디푸스는 자신의 운명 한복판으로 뛰어든다.

한 가지 위안이 되는 것은 오이디푸스가 자신이 처한 상황을 다른 사람의 책임으로 떠넘기지 않았다는 점이다. 무력한 인간 이기에 운명의 신이 정해놓은 길을 걸어갈 수밖에 없다. 하지만 그런 삶을 산 것은 자기 자신이므로 책임도 자신이 지겠다고 말한다. 결국 오이디푸스는 자기 손으로 눈을 찌른다.

마음의 문 앞에서 주저하는 이유

많은 이들이 왜 마음 깊은 곳으로 들어가는 문 앞에서 주저 할까. 먼저 책을 읽는 것만으로는 정신분석이나 상담의 의미와 가치에 대해 알기 어렵다. 임상에서의 상담은 지식을 습득한다 기보다는 운동이나 악기를 배우는 것처럼 일종의 체험에 더 가 깝다. 특정 운동이나 악기를 다루는 법을 설명하는 교본은 있을 수 있지만, 그러한 책을 통해서 운동이나 악기를 배울 수 없는 것과 같은 이치다. 아직 정신분석이 우리 문화에 충분히 뿌리내렸다고 보기는 이르다.

하지만 그게 전부일까. 나는 사람들의 그런 태도를 결정짓는, 또 다른 중요한 요소가 있다고 생각한다. 사람들은 자신이 통제할 수 없는 무의식에 대한 두려움이 있다. 내 마음 어딘가에 내가 잘 모르는 무언가가 있다는 것, 그것만큼 사람들을 공포스럽게 만드는 게 또 있을까. 이 말이 바로 와 닿지 않는다면, 만취한 상태에서 필름이 끊겼을 때를 떠올리면 된다.

아침에 깨어나서 간밤에 필름이 끊겼다는 것을 알게 되는 순간 두려움과 공포가 밀려온다. 이 공포는 어떤 생각이나 말, 또는 행동이 자신의 통제를 벗어났을지도 모른다는 데 있다.

많은 사람들이 갖는 정신분석이나 무의식에 대한 느낌과 태도 이와 크게 다르지 않다. 정신분석 상담을 진행하다 보면 감당하기 두려울 정도로 깜짝 놀랄 만한 무언가가 튀어나오지는 않는다. 물론 내담자가 "제 안에 그런 게 있었다니 놀랍네요"라고 말하는 경우가 종종 있다. 하지만 되짚어보면 이미 본인은 어렴풋하게나마 느끼고 있었던 것들이다. 평소 주의를 기울이지 않았거나, 관심을 두고 싶지 않았을 뿐이다.

많은 내담자들과 상담을 진행하다 보면 자신 안에 있는 무시

무시하고 수치스러운 것들이 통제를 벗어나서 마구 튀어나올 것 같다고 말한다. 그것들이 자신이나 가까운 타인과의 관계들을 망칠 것 같아서 두렵다고 말한다. 이때 내담자가 진정 무엇을, 왜 두려워하는지를 다루는 것 역시 상담의 중요한 과정 중 하나가 된다.

그러한 두려움으로 인해 우리 마음(무의식)은 앞서 언급했듯이, 핑계들을 만들고 그 이유가 가장 크고 절대적인 것처럼 느끼게 한다. 본인 스스로는 이에 대해 전혀 의심하지 않게 되는 것이다. 이렇게 만드는 마음속의 장치를 정신분석에서는 '방어 기제'라고 부른다.

영화 〈건축학개론〉의 주인공 서연은 '제주도 학원 출신'이라는 동기들의 뒷말에 상처받고 어릴 적부터 오래 전공해온 피아노를 그만둔다. 타인의 이야기에 자기 전공을 그만둘 만큼, 삶의 중심에 스스로가 있지 않은 것이다. 자기 삶의 주인으로 살지 못하는 태도는 다음에서도 잘 드러난다.

"아나운서 시험에서 떨어지고, 에라, 결혼이나 하자. 뭐 그랬어."

잠깐이지만 서연의 삶의 궤적이 어땠을지는 충분히 짐작할 수 있다. 그런데 서연의 삶을 계속 엇나가게 하는 진짜 범인은 누구인가. 뒤에서 놀리던 학교 동기들인가. 자신의 마음을 알아

주지 못하고, 좋아하면서도 말 한마디를 건네지 못하는 승민인
가. 아니면 자기 삶의 주인이 되지 못하고 타인의 시선에 따라
살았던 서연 자신인가.

아마도 서연은 학교 동기들이나 승민 때문에 인생이 망가졌
다고 생각했을지도 모른다. 이렇게 일종의 '남 탓'으로 돌리는
방어기제를 '투사projection'라 부른다. 투사는 적극적으로 남의 탓
이라고 책임을 떠넘기는 태도뿐만 아니라, 최소한 자신의 삶을
꼬이게 만든 주범이 자신이라는 사실을 모르거나 알기를 거부
하는 것이다.

'나'를 괴롭히는 나로부터 벗어날 용기

내가 대학병원에서 근무할 때의 일이다. 의과대학 본과 4학
년 학생들이 보호 병동에 실습을 나왔다. 그들은 2주간 환자를
한 명씩 배정받고 인터뷰도 하며 여러 치료 프로그램을 참관했
다. 그중 한 학생이 담당한 환자는 갓 대학에 들어간 젊은 여성
이었다.

그녀는 어릴 때 부모에게 심하게 학대받았고, 중학교 때는 왕
따를 당한 뒤 가해자들을 피해 전학을 간 적도 있었다. 대학에

들어가면서 본격적으로 환자의 우울증과 자해가 시작되었다. 안타까운 사연이었다. 각자의 환자에 대해 토의를 하던 시간에 그 환자를 담당하던 본과 4학년 학생이 말했다.

"선생님, 그 여성은 부모가 학대했는데, 아무런 문제도 없으면 오히려 더 이상하지 않나요? 지금은 학대를 하지 않는다고 하지만, 여전히 그 부모는 딸의 마음에 공감하려는 노력을 보이지 않고 있습니다. 딸이 아니라, 딸을 저렇게 만든 부모가 치료를 받아야 문제가 해결되는 것 아닌가요? 그리고 왕따 가해자들이 와서 사과를 하고 용서를 빌어야 이 환자가 좋아질 수 있지 않을까요? 저는 왜 이 환자가 병원에 입원해야 하는 건지 잘 모르겠습니다."

그 학생은 매우 진지했고, 환자의 부모와 왕따 가해자들에 대한 분노로 가득 차 있었다. 그 학생은 환자 입장에 완전히 동화되어 있었던 것이다. 내가 답했다.

"그래. 네 말이 100퍼센트 맞다. 그 부모도 심각한 문제들이 있어 보여. 그 가해자들도 마찬가지지. 제정신이라면 왕따 가해자가 되진 않았겠지. 그런데 치료가 될지도 알 수 없고, 시작하더라도 얼마나 걸릴지 알 수 없는 부모의 치료가 끝나고, 연락이 될지도 알 수 없는 가해자들을 찾아서 무릎을 꿇리는 시점이 되어야 비로소 이 환자가 나아질 수 있다면, 이 환자는 과연 나

아질 가망이 있을까? 물론 정말로 그 과정을 거친 후에야 나아
질 수 있다면 어쩔 수 없지. 하지만 그게 답일까?"

그 학생의 질문은 트라우마 피해자들의 딜레마를 정확히 지
적하고 있었다. 과연 이 환자는 나아질 가망이 있을까. 정신분석
에서는 환자의 증상이나 패턴을 유지하는 데에 환자의 능동적
인 역할을 찾아내는 것이 중요하다.

예를 들어 생각해보자. 왜 그 환자는 부모나 가해자들을 죽이
고 싶은 생각이 들 때마다, 자해를 하고 스스로를 괴롭혔던 것
일까. 그녀와 학생은 이에 대해 의문을 갖지 않았다. 그들의 마
음 안에서는 모든 것이 과거와 외부의 가해자 탓이다. 왜 그 환
자가 스스로에 대한 학대를 멈추지 않는지에 대한 의문이 빠져
있다.

이러한 현상은 유년기에 학대받은 많은 피해자들이 가해자
의 역할을 내면화하는 과정과 관련이 있다. 이 내면화는 그녀를
과거에 고착시켜서 전혀 앞으로 나아가지 못하게 하는, 즉 애도
과정을 진행하지 못하게 하는 결과를 야기했다. 부모와 가해자
들의 역할 외에도 자신의 내면에서 어떤 마음이 스스로를 계속
학대하는지에 대한 탐구가 충분히 진행되어야 자신에게 너그러
워지고 자유로워질 수 있는 애도 과정이 진행될 수 있다. 많은
경우, 트라우마가 시작되는 원인과 별개로 치료와 애도 과정의

핵심 열쇠는 자신 안에 있다.

앞서 언급한 환자처럼 많은 피해자들이 어느 시기부터는 스스로에게 가해자처럼 행동한다. 피해자 안에 내면의 가해자가 형성되는 것이다. 치료 과정에서 환자의 능동적인 역할을 찾아가는 여정이 피해자를 비난하고 문제의 원인을 피해자에게 돌리는 것과는 명확히 구분되어야 하는 것은 당연하다. 어디까지가 비난이고 어디까지가 능동적인 역할인지 구분하는 것은 쉽지 않고 아슬아슬할 수도 있다. 정신과 전문의 자격증이나 심리학 석박사 학위를 취득한 뒤에도 정신분석 상담가로 충분히 기능할 수 있기까지, 상당한 시간과 노력이 필요한 이유도 이런 데에 있을 것이다.

나를 알아가는 과정, 특히 내 고통과 역경에 자신이 중요한 역할을 하고 있음을 알아간다는 것은 어떤 이들에게는 아프게 느껴질지도 모른다. 정확히 표현하자면, 많이 아플 것 같은 막연한 두려움 때문에 공포라고 느끼는 경우가 많다. 이러한 두려움은 어쩌면 오이디푸스가 신탁을 받았을 때, 그리고 자신이 스스로를 파멸시킨 범인이라는 것을 매우 어렴풋이 느끼기 시작했을 때의 공포만큼 클지도 모른다. 그래서 나를 알아가는 과정은 일정 정도의 용기를 필요로 한다. 하지만 그 용기는 결국 나를 괴롭히는 많은 굴레와 속박으로부터의 자유로 이어질 것이다.

슬픔을 대가로 자유를 얻다

애도의 의미

20대 후반 여성 D는 만나는 남성들과 친밀하고 깊은 관계를 맺기가 어려웠다. 분명 호감과 애정을 가지고 시작했는데, 상대의 행동이나 말에서 아주 사소한 것이라도 마음에 들지 않으면, 바로 '이 사람은 아니야'라는 생각을 하며 관계를 끊었다. 또한 자신이 원하는 대로 상대가 움직이지 않으면 자신에게 관심이 없다고 판단했다. 반대로 자신에게 잘해주려고 노력하는 사람을 보면 아이러니하게도 그 사람과 사귈 '가치'가 없다고 생각했다.

그녀는 자신을 사랑하는 남성들에게 사소한 계기로 실망하거나 격한 분노를 느꼈다. 그게 아니면 너무 쉬운 상대 같은 느낌이 들어서 지속적으로 사귀기가 힘들었다. 그녀가 사랑하는 남자들은 그녀를 좋아하지 않거나, 유부남인 경우가 대부분이었다. 그녀는 상대에게 원하는 것이 많아 보였지만, 실제로는 그녀 자신도 무엇을 원하고, 어떤 사람을 만나고 싶은지 몰랐다.

'정말 이게 내가 원했던 것일까?'

비단 D만의 이야기는 아니다. 자신이 무엇을 원하는지 모르는 사람은 생각보다 많다. E는 어릴 때부터 부모의 기대를 충족시키는 것 외에 다른 삶을 상상하지 못했다. 그의 부모는 E가 의사가 되기를 원했고, E 역시도 의사가 아닌 다른 직업은 생각해본 적이 없었다. 그런데 E는 미적 감각이 매우 뛰어났고 상상력이 풍부했으며, 컴퓨터에도 재능이 많았다. 막상 의대에 들어와서 수업을 듣고 실습을 돌기 시작하자 '정말 이게 내가 원했던 것일까?'라는 회의가 끝없이 들었다. 결국 학업에 충분히 매진할 수가 없어 유급을 반복했다. 과연 의사가 되는 것이 E가 진정으로 원했던 것일까. 아니면 E의 마음속에 들어온 부모의 목소리가 원했던 것일까. 대학에 들어온 이후 방황이 시작될 때까지도 E는 내면에서 자신의 목소리와 부모의 목소리를 구분하기 어려워했다.

'정말 이게 내가 원했던 것일까?' 이 질문은 의대에 진학한 후 방황하는 E뿐만 아니라 우리 모두의 고민이기도 하다. '내가 원했던 것'에 대한 물음은 다양하게 가지를 친다. 내가 할 수 있는 것은 무엇이고, 할 수 없는 것은 무엇인가. 지금 내 문제는 무엇이고, 이 문제는 어떤 방식으로 현재의 삶과 마음에 영향을 미치는가. 이런 질문에 대해서 누구도 대답하기가 쉽지 않을 것이다. 자신만의 문제이기에 다른 사람의 답을 참조할 수 없고, 아무리 파고든다 해도 답을 찾기가 어렵다. 지그문트 프로이트의 말처럼 의식할 수 있는 것보다 의식하지 못하는 것들이 우리를 더 많이 움직이기 때문이다.

정신분석은 위의 물음들과 관련하여 상담가와 함께 각자가 자신의 삶과 마음에 대한 하나의 큰 '내러티브(서사)'를 써 내려가는 과정이라고 할 수 있다. 이 과정에서 내 삶의 진정한 주인이 '나'라는 사실, 마음의 중심에 내가 있어야 한다는 것을 좀더 분명히 인식하게 된다.

누군가를 '진심'으로 이해한다는 것은 과연 가능한 일일까. 가능하다면 대체 어느 정도까지 이해할 수 있을까. 정신분석의 기본 전제 중 하나는 인간이 스스로에 대해 알고 있는 부분은 빙산의 일각처럼 매우 제한적이라는 것이다.

우리는 자기 문제에 대해 상당 부분 심리적인 눈멂 상태에 있다는 것이 프로이트의 기본적인 생각이었다. 그에 따르면 성장하면서 방어기제들이 발달하고, 이 방어기제들은 감당하기 어려울 것 같은 문제들을 의식의 저편으로 밀어낸다.

그러나 의식 저편으로 억압된 것들은 다시 돌아오려는 속성을 가지고 있다. 풍선을 강한 힘으로 누르면 내려가지만, 결국 그 상태를 유지하기 위해서는 지속적으로 에너지를 소모해야 한다. 그 과정에서 특정한 성격 유형이 형성되기도 하고, 다양한 증상들이 유발되기도 한다.

정신분석은 상담가와 내담자가 합심해서 이러한 문제들을 일으키는 근본적인 원인들이 무엇인지를 알아가고 해결해가는 과정이다. 이 과정을 통해 의식과 무의식의 연결이 강화되는 경험 자체가 치료의 중요한 부분이자 목표의 하나다. 대부분의 사람들에게는 이러한 연결이 차단되어 있다. 대인 관계에서 반복적인 어려움을 겪거나 지속적인 우울, 불안, 각종 신체 증상 등을 겪고 있으면서도 어디에서 이 증상들이 기원하는지 모른다. 심리적 단절이 존재하는 것이다.

이러한 면에서 정신분석은 연결의 세계관을 가지고 있다고 생각해볼 수 있다. 꿈에 대해서도 마찬가지다.《꿈의 해석 Die Traumdeutung》(1899년)이 출간된 지 122년이 지났는데도, 여전히 많은 이들은 꿈이 깨어 있는 동안의 경험이나 생각, 느낌 등과는 완전히 별개라고 생각한다. 당시 꿈에 대한 과학적 기반이 거의 없던 상태에서 프로이트는 관찰과 직관만으로 꿈에 대한 자신의 이론을 전개했다. 그의 생각 중 많은 것들이 폐기됐지만, 프로이트 이론의 여전한 현재성을 생각하면 얼마나 대단한 혁신가였는지 놀라울 정도다.

　프로이트는 낮 동안의 정신 활동과 밤에 꾸는 꿈이 서로 영향을 준다고 생각했다. 전날 있었던 일이나 의식하지 못했던 마음의 움직임이 꿈의 소재가 되기도 하고, 유년에 겪었던 일들이 꿈으로 들어오기도 한다. 프로이트는 과거가 꿈뿐만 아니라 현재에도 연결되어 있다고 생각했다. 내담자의 어떤 과거는 현재까지 마음 한구석에 살아남아 현재의 성격과 생각, 행동 등에 영향을 준다. 이 과거를 통해 중요한 심리적 대상에 대한 태도나 관계가 상담실 안에서 그대로 반복되기도 한다. 특히 심리적 대상에 대한 태도나 관계가 상담실 안에서 반복되는 현상을 프로이트는 '전이transference'라고 명명했다. 이는 현대 정신분석에서 여전히 가장 중요한 개념 중 하나이자, 실제 상담실에서도 강력한 치료의 도구로 여겨진다. 정신분석에서 '이해'라는 것은 내담자의 생각을 상담가가 '꿰뚫어' 보거나, '찰떡같이 알아듣는' 것이라기보다는 이처럼 의식과 무의식, 과거와 현재, 상담실 밖과 안 사이의 연결성을 충분히 회복하는 것, 이를 위한 노력 자체이기도 하다.

'나'에 대한 호기심 vs '남'의 시선

인간에게 태초의 연결은 엄마와의 그것이다. 세상에 태어나는 순간, 탯줄은 끊어지고 엄마라는 세계로부터 우리는 분리된다. 인간은 각자 고유한 영역을 만들어가고 지키고 싶은 독립적인 욕구가 있다. 한편 태초의 연결을 타인과의 관계에서 회복하고 싶은 욕구도 있다. 그 사이의 긴장과 진동이 삶의 가장 기본적인 과정이다. 탯줄이 끊어진 이후 삶의 원형적 대상인 엄마와의 연결은 피부와 소리, 냄새, 음식 등을 통해서 경험할 수 있다. 삶에서의 온기나 추위, 허기 등이 물리적 감각이 아니라 심리적인 측면과 결부되는 경우가 많은 것도 이러한 이유 때문이다. 좋은 시나 문학, 예술 작품을 접하거나 이해했다고 생각할 때 느껴지는 감동의 순간들도 그 대상이 되는 작품들과 내 내면의 어떤 요소가 충분히 연결성을 회복하는 경우에 해당할 것이다.

정신분석에서 상담가가 내담자의 심리를 기계적으로 '분석'해서 알려주는 것은 큰 의미가 없고, 대개 도움이 되지 못한다.

때로는 상담가가 틀린 이야기를 했는데도 상담가의 말이나 태도, 분위기 등 어떤 예상치 못한 부분과 내담자가 연결이 되고, 치료가 진전되는 경우도 종종 볼 수 있다. '이해'도 중요한 치료적 요소다. 하지만 자신을 이해하기 위해, 자신의 마음 깊은 곳에 닿기 위해 누군가가 계속 노력하고 있다는 사실 자체가 진심으로 전달되는 것, 어쩌면 그것이 정신분석 상담에서 가장 중요한 요소일지도 모르겠다.

《말테의 수기》에서 라이너 마리아 릴케는 다음과 같은 말을 한다. "나는 보는 법을 배우고 있다. 왜 그런지는 모르지만, 보이는 모든 것이 내 마음속 깊이 가라앉는다."

릴케의 말을 조금 바꾸어 표현해보자. 정신분석을 수련하는 과정에서 내가 받은 큰 가르침 중 하나는 호기심을 '갖는 법'이었다. 이때 호기심이란 단순한 구경꾼으로서의 일시적인 흥미를 일컫는 것이 아니다. 이제 막 사귀기 시작한 연인들을 생각해보라. 이들이 서로에 대해 갖는 호기심과 궁금증은 깊은 관심이라 할 수 있다. 갓난아이를 키우는 젊은 부모도 마찬가지다. 아이를 처음 키우는 부모는 말을 못 하는 아이의 웃음과 울음, 눈동자 너머에서 아이가 어떤 생각을 하는지, 어떤 꿈을 꿀지 지대한 호기심을 갖는다. 심지어 반려견을 사랑하는 많은 이들조차 강아지의 갸웃거리는 표정 뒤에 대체 무엇이 있을지 궁금해한다. 자라나는 아이들도 마음속에는 세상에 대한 온갖 호기심으로 가득 차 있다.

우리는 어느 순간부터 스스로에 대해 호기심을 갖지 않는다. 어떻게 호기심을 느껴야 할지 방법도 잊어버린다. 이러한 망각은 대단히 능동적으로 진행된다. 어느 시점부터 방어기제들이 호기심을 갖지 못하도록 작동하기 때문이다. 방어기제들을 동원시키는 것은 내 안에 있는 과도한 불안, 두려움, 수치심 등 불편한 감정들이다. 따라서 정신분석 상담의 상당 부분은 이러한 호기심과 관련된 상담가의 질문들로 이루어진다. 상담이 상당 궤도에 오르기 시작하면 내담자 스스로 자신의 생각, 느낌, 행동의 패턴들에 의문을 던지고 답을 찾기 시작한다.

나는 호기심 자체가 사라진다고 생각하지는 않는다. 대부분 어떻게 호기심을 가져야 할지 충분히 배우지 못하거나 잊어버리는 것 같다. 일차적으로 부모와의 관계에서 어떻게 호기심을 가져야 하는지 배우게 된다. 특히 인지가 충분히 발달하지 못한 유년기에는 부모와의 관계가 절대적인 영향을 미칠 수밖에 없다.

그러나 불행히도 많은 부모들은 아이에 대해 잘 모른다. 자신의 아이가 철이 일찍 들어 애를 먹이지 않고 별 탈 없이 자랐다면, 많은 부모들은 자신들의 아이가 잘 자라고 있다고 생각한다. 그 너머에 대해서는 아이에게 어떤 호기심을, 어떻게 가져야 할지, 또한 아이에 대해 무엇을 궁금해해야 할지 잘 모른다. 그런 현상에 대해 부모들만을 탓할 수는 없다. 부모들 역시 많은 제약과 한계들을 지닌 완벽하지 않은 현실 속 '인간'이기 때문이다. 당신이 40대이고, 10대의 자녀를 두고 있다면 당신이 10대일 때 생각하던 부모의 이미지와 현재의 당신 자신을 비교해보라. 그러면 그때의 부모 역시 미숙한 점이 많은 하나의 인간이었다는 것을 쉽게 깨달을 수 있을 것이다. 또한 어린 10대의 눈에 비친 부모의 모습이 실제보다 얼마나 커 보였는지도 깨닫게 될 것이다.

그런데 자신에 대한 호기심을 망각하게 만드는 주범은 대개 자기 자신이다. 한 예로 우리 주위에 흔한 또는 당신 자신일 수도 있는, '남의 시선'을 많이 의식하는 사람들에 대해 생각해보자. 사소한 행동도 타인의 시선으로 바라보고, 자기 자신이 아닌 다른 사람을 위해 사는 경우들이 매우 흔하다. 자신에 대한 호기심이 사라지면, 자신을 탐구할 수 있는 기회가 와도 흘려보내기 십상이다. 호기심을 잃게 되면, 상담실을 찾더라도 비슷한 일이 반복된다.

정신분석 상담에서는 매번 주제를 정하고 상담을 진행하지 않는다. 상담실에 들어와 의자에 앉거나 카우치에 누웠을 때 떠오르는 게 있으면, 이를 지레 판단하지 말고 상담가와 함께 마음속에 있는 생각이나 감정의 흐름을 따라간다. 그리고 그런 것들이 현재의 어려움에 어떤 방식으로 영향을 미치는지를 알아간다. 침묵에 대해서도 마찬가지다. 우리 대부분은 침묵에는 아무 의미가 없다고 생각한다. 그래서 침묵을 견디지 못한다. 침묵이 만든 공백을 메우기 위해 실없는 말을 던지거나 행동을 한다. 하지만 침묵이 백 마디 말보다 의미 있거나 중요할 수도 있다. 침묵이 반복된다면 그 이유에 대해 알아가는 것도 중요한 결실을 가져온다. 내담자들에게 침묵이 지속되면 어떨 것 같은지 종종 묻게 된다. 그러면 다음과 같이 답하는 경우가 많다.

"일단 부모님한테 미안해요. 왜냐하면 상담료도 내주시는데, 제가 여기서 침묵하는 시간이 많아지면 거기에 부응을 못 하는 것 같아서요. 물론 이 상담이 온전히 저를 위한 시간이라는 건 머리로는 알지만, 마음속에서는 편안히 내가 하고 싶은 대로 하는 것에 자꾸만 죄책감이 들어요."

상담은 전적으로 내담자 본인의 시간이고, 스스로를 위한 시간이다. 그런데 많은 내담자들이 상담 시간이 부모나 상담가를 위한 시간이라고 느낀다. 그리고 이러한 패턴들은 매우 반사적이고 자동적이다. 스스로의 생각이나 태도, 감정들에 이토록 아이러니한 면이 있다는 것에 대해 의문을 던질 필요성을 느끼지 못한다.

나에게 정신분석의 진정한 시작은 당사자에게 너무나 당연해서 의문을 가질 필요를 느끼지 못했던 생각이나 감정의 흐름이 당연하지 않을 수 있다는 사실을 깨닫는 것에서부터 시작한다. 침묵이 불편한 이유를 물었을 때, "그러게요. 이 시간은 온전히 저를 위한 것인데, 왜 여기서 말을 하지 않으면 마음이 불편해질까요?" 같은 대답이 하나의 예시가 될 수 있다.

또한 대인 관계에서 조금이라도 자신이 실수했을까 봐 걱정하며 밤마다 머릿속에서 장편 소설을 써가는 이들도 자신의 상황에 대해 호기심을 갖기 시작하면, 다음과 같이 말한다. "생각해보니 이상하네요. 상대방도 그때 다른 일 때문에 바빴을 수도 있고, 그 사람 성향이 저와 달랐을 수도 있죠. 그 사람이 저에게 좋은 감정이 없다고 해도 제가 거기에 모든 에너지를 쏟는 건 다른 문제 같아요. 너무 당연하다고 생각했는데, 다시 보니까 그렇지 않을 수도 있겠네요."

정신분석 상담을 종결할 때 여러 가지를 고려해야 한다. 하지만 나는 이렇게 자신에 대한 호기심이 내재화 되어 상담가 없이도 질문을 던지고 답을 찾으려는 태도가 충분해지는 것도 종결을 판단하는 중요한 기준 중 하나라고 생각한다.

정신분석의 최종 종착점

정신분석의 최종 종착점이 무엇인가라고 묻는다면, 나는 단연 '진정한 자유로움'이라고 말할 것이다. 이러한 자유로움은 지금까지 이야기한 모든 측면들과 밀접한 관련이 있다. 그리고 우리를 자유롭지 못하게 만드는 궁극적인 사슬과 족쇄는 대개 우리 안에 있다. 우리는 성장 과정에서 겪은 트라우마나, 어찌할 수 없는 환경 때문에 힘들 때도 있다. 하지만 우리를 현재진행형의 고통으로 몰아넣는 주체는 우리 자신이다. 어떤 현상에 대한 원인을 단 하나로만 제시하기는 어렵다. 그럼에도 부모와의 관계에서 트라우마가 심했든, 남편이나 아내가 나를 힘들게 하든, 결국 핵심적인 단계에서 나의 발목을 잡는 것은 나다. 나는 나의 간수이며, 나는 나의 수인囚人이다.

인간 삶의 지반은 고통일지도 모른다. 내가 선택하지 않은 세상에서 내가 선택하지 않은 부모를 만나고, 내가 선택하지 않은 방식과 조건으로 삶을 시작한다. 이러한 세계에서 과연 '자유로움'을 어떻게 찾을 수 있을까. 그 자유로움은 무엇일까. 화내고 싶을 때 아무한테나 화풀이하고, '무대포'로 살아가는 것일까.

내가 생각하는 자유로움은 '수용(받아들임)'에 가장 가깝다. 이 수용은 외부적인 제약이나 조건들을 있는 그대로 받아들이는 것뿐만 아니라, 더 중요하게는 자신을 받아들이는 것이다. 어느 누구도 완벽할 수 없다. 우리 모두는 이를 잘 알고 있다. 최소한 머리로는 말이다. 그럼에도 많은 이들은 있는 그대로의 자기 상태를 받아들이지 못한다. 끊임없이 자신에게 빚쟁이처럼 무언가를 계속 요구한다.

'넌 아직 멀었어.' '왜 너만 그렇게 유별나?'

게다가 이 채권자는 만족을 모른다. 끝없이 요구만 할 뿐이다. 또 많은 이들은 이 채권자가 자신의 마음 중 하나라는 것도 잘 인식하지 못한다. 때로는 채권자의 뜻대로 생각하거나 행동하지 않으면 외부에서 비난이 가해질 것처럼 느끼기도 한다. 이 채권자의 요구는 '밑이 빠진 독'과 같다. 그 구멍을 메우기 위해 어떤 이들은 끊임없이 돈을 벌려고 하고, 또 어떤 이들은 겉으로 보이는 사회적인 성취를 위해 많은 것들을 잃어버린다. 자신이 잃어버리고 있는 것이 무엇인지 전혀 모르는 채로 말이다. 물론 이러한 활동들이 필요 없다거나 나쁘다는 것이 아니다. 다만 주객이 바뀐 이러한 병적 균형이 오래 지속되다 보면, 최소한 한 번은 그 균형이 무너지는 순간이 오기 마련이다.

'수용'은 모든 것을 무조건적으로 받아들이는 것과는 다르다. 나의 상태를 있는 그대로 받아들인다는 의미에 가깝다. 나를 수용한다는 것은 스스로를 좀더 냉정하게 본다는 뜻이기도 하다.

내가 할 수 있는 것과 없는 것, 바꿀 수 있는 것과 없는 것, 해야 하는 것과 하지 말아야 할 것들을 분명하게 구분하고 거기에 맞추어 좀더 적극적인 삶의 태도를 견지하는 것이다.

자유의 문제는 개인과 환경의 관계에 대한 물음과도 관련이 있다. 많은 트라우마들은 대체로 세대를 건너가며 전해진다. 나를 학대하거나 힘들게 했던 부모 또는 다른 가해자들 역시 한때는 트라우마의 피해자들이었을 것이다. 우리가 살아가는 환경은 생각보다 큰 영향을 미친다. 그 시작은 내가 통제하기 어려웠을 것이다. 하지만 시간이 지날수록 인간은 트라우마를 어떤 방식으로든 내재화한다. 이는 주로 방어기제를 통해서 이루어진다. 맞고 자란 아이가 때리는 부모가 되는 경우가 가장 흔한 예들 중 하나다. 부모에게 충분한 지지와 공감을 받지 못하고 늘 '너는 부족해'라는 메시지를 받고 자란 아이가 성인이 되어 스스로에게 똑같은 목소리를 반복하는 경우도 마찬가지다. 수동적으로 당했던 트라우마를, 사태나 자신에 대한 정확한 이해가 없는 상태에서 능동적으로 극복하려는 마음의 발로가 병적인 행동 방식을 다시 재현하게 만든다.

나의 문제나 불행에 내가 동조해서 이를 재생산하고 있다는 아이러니는 뼈아픈 인식일 수도 있다. 그러나 해결의 열쇠가 외부가 아닌 내부에 있다는 점이 삶을 개선시킬 한줄기 희망이 될 수 있다. 세계와 나, 모두 바꾸기 어렵지만 어느 것이 좀더 현실적으로 실현 가능한지는 굳이 말하지 않아도 쉽게 알 수 있을 것이다.

우리가 살고 있는 세상은 불완전하다. 세상이 불완전한 이유는 세상을 구성하는 우리 각자가 불완전하기 때문이다. 내 부모역시 그렇고, 부모의 부모도 그랬을 것이다. 우리는 모두 숱한 결점들을 가지고 온갖 시행착오를 겪으며 살아가는 존재들이다. 이 불완전함을 받아들이는 과정은 때로 매우 슬픈 일일 수 있다. 기존의 이상적인 기대와 욕망들로부터 작별하는 것을 의미하기 때문이다. 다만 이러한 슬픔을 대가로 우리는 조금이나마 진정으로 자유로운 충족감을 얻을 수 있으리라고 나는 믿는다. 뉴욕에서 정신분석을 공부하는 동안 들었던, 지금도 생생하게 와 닿는 말이 있다. 어느 날 초로의 백인 남성 내담자로부터들은 말이다. "잠시 발길을 멈추고, 장미 향기를 맡으라Stop, and smell the roses."

사실 '장미'는 도처에 있다. 많은 이유로 우리가 지나치면서도 보지 못하고 향기를 못 맡을 뿐이다. 애도는 온전히 나 자신만을 위한 과정이지만, 늘 즐겁고 쉽지만은 않다. 하지만 상처받은 자신을 위해 애도의 길을 걷다 보면 어느 순간 '가랑비에 옷 젖듯' 마음이 다소 가벼워지고, 삶에 피어 있는 장미들을 보게 된다. 이러한 순간이 바로 구원의 순간이다. 거창한 구원이 아닌 일상에서의 범속한 구원의 순간들은 우리 주위에 늘 존재한다.

우리는 살면서 계속 상실을 겪는다. 우리는 그 상실에 대해 꾸준히 애도해야 한다. 평생 한 번도 경험하지 못했던 타인과의 연결감과 애착, 내 안의 두려움과 불안 등의 실체를 마주하고 해결해가면서 사는 이유를 하나씩 발견하는 것. 그래서 삶이 늘 아름답지는 않더라도, 최소한 죽고 싶은 이유보다 살 만한 느낌이 하나라도 더 드는 순간을 발견하는 것. 그 순간을 구원의 순간이라 부르지 않는다면 무어라 부를 것인가.

정신분석가 도널드 위니컷Donald Winnicott은 완벽한 부모나 완벽한 양육이 아닌 '이 정도면 족한, 또는 만족스러운 양육Good enough mothering'을 이야기했다. 우리 삶도 그러할 것이다.

몸에 각인된 기억에서 벗어나기

종이에 손가락을 베인 여자가 '앗' 하고 작게 말한다.

"피가 나네. 이렇게 해봐요 이렇게. 심장보다 높이."

남자가 손을 높이 흔들며 말한다. 여자가 마지못해 따라 한다. 이내 피가 멈춘다. 여자와 남자는 곧 연인이 되지만, 그리 긴 시간이 지나지 않았을 때 여자가 남자를 떠난다. 남자를 완전히 잊고 지낸 것 같던 어느 날, 여자는 다시 사무실에서 종이에 손가락을 베인다. 순간적으로 베인 손이 심장 위로 높이 올라간다. 그제야 불현듯 남사에 대한 기억이 밀려온다. 여자는 다시 남자를 찾아간다.

이는 영화 〈봄날은 간다〉에 나오는 장면들이다. 흥미로운 것은 은수가 상우를 다시 기억해내는 과정이다. 은수는 상우를 먼저 떠올리고, 그다음에 손가락 베인 일과 관련된 상우와의 일화를 기억해내지 않는다. 손가락을 베인 후 거의 자동적으로 상우가 알려줬던 방식으로 몸이 먼저 반응하고, 그다음에 상우와의 일들에 대한 기억이 뒤따라온다. 이처럼 몸에 각인된 기억은 영화나

문학 작품 등에서 상당히 자주 접할 수 있다. 마르셀 프루스트의
소설《잃어버린 시간을 찾아서》에 나오는 마들렌도 몸에 각인된
기억, 즉 암묵기억implicit memory을 말해주는 유명한 사례다.

남자에 대해 다 잊고 지내던 여자가 손을 다치는 순간에 떠올
린 기억. 작은 마들렌 과자를 한 입 베어무는 순간에 오랫동안
까마득하던 기억이 연쇄적으로 눈앞에 펼쳐지는 광경. 이러한
순간들은 삶의 신비가 된다. '신비'가 아니면 대체 어떤 단어로
이 순간을 표현할 수 있을까.

상실과 트라우마도 이러한 암묵기억을 통해 몸과 마음 안에
깊이 각인된다. 한 번 각인된 기억은 뜻대로 움직일 수 있는 게
아니다. 그래서 이제 그만 잊고 훌훌 털어버리라는 위로의 말은
당사자에게 폭력적으로 작용하기도 한다. 모두가 나를 아프게
하는 것들을 잊고 훌훌 털어버리고 싶다. 그러나 결코 쉽지 않다.
애도의 과정이 그토록 어려운 이유가 이러한 암묵기억의 특성과
관련이 있다.

어떻게 세 살 버릇이 여든까지 유지될 수 있을까

인간의 기억에 대한 획기적인 연구는 1950년대로 거슬러 올라간다. 1926년 미국의 코네티컷주에서 태어난 H. M.(기억에 관한 신경학적 연구 역사에서 H. M.이라는 약자로 널리 알려져 있지만, 본명은 헨리 몰래슨Henry Molaison이다)은 어릴 때부터 뇌전증(간질)을 앓았다. 증상은 점차 심해져서 27세 무렵에는 아무 일도 할 수 없게 되었다. 많은 용량의 약물을 투여했지만, 병증은 계속 심해졌다. 의사들은 그를 고통스럽게 만드는 뇌전증의 원인이 양쪽 측두엽이라고 생각했고, 1953년 H. M.은 스코빌이라는 외과 의사의 주도하에 양쪽 측두엽을 절제하는 수술을 받게 된다. 그런데 수술 이후 H. M.의 기억 패턴에는 비극적인 변화가 나타났다.

H. M.의 기억 기능의 변화에 대해 체계적이고도 심층적인 연구를 실시한 이는 브렌다 밀너Brenda Milner라는 신경심리학자였다. 그녀에 따르면 일단 H. M.은 더 이상 새로운 지식을 습득하

지 못했다. 좀더 정확히 말하자면, 어떤 새로운 사실이나 지식에 대한 단기기억(보통 수십 초에서 수분 이내)은 가능했지만, 이를 기억의 저장소에 보관했다가 다시 불러오는 기억인 장기기억은 완전히 손상되었다. H. M.이 잃어버린 이 기억의 형태는 소위 '외현기억explicit memory'에 해당하는 것이었다.

외현기억은 어제 점심 메뉴로 무엇을 먹었고, 내 아이의 생일이 언제이고, 대학 입시를 치르던 날에 무슨 일이 있었는지에 관한 기억이다. 장기기억 중에도 수술 전까지의 기억들은 그대로 보존되었으나 새로운 지식의 학습에 대한 장기기억은 손상되었던 것이다. 심지어 밀너 박사가 거의 30년 가까이 H. M.을 최소한 한 달에 한 번씩 만났는데도 H. M.은 밀너를 알아보지 못했다. 나아가 그는 거울에 비친 자신의 얼굴조차 인지할 수 없었다. 수술 이후 나이 들어가는 자신의 모습에 대한 기억이 머릿속에 남지 않았기 때문이다. 그가 기억하는 자신의 모습은 수술 직전까지였다. 이후 거울에 비치는 모습은 매번 남이었다.

이 기억 패턴은 알츠하이머 치매 환자에게서도 나타난다. 알츠하이머 환자들은 새로운 것을 배우고 기억하는 데 장애를 많이 받는다. 하지만 과거에 기억하던 것들에 대해서는 질환이 상당히 진행될 때까지도 영향을 훨씬 덜 받는다. 알츠하이머 치매 환자의 보호자들은 종종 "사오십 년 전에 일어났던 일을 지금도 정확히 기억하고 계신데 우리 어머니가 치매란 말이에요?"라고 묻곤 한다.

H. M. 역시 아주 어린 시절 겪었던 일들에 대해서는 기억이 잘 유지되고 있었다. H. M.에 관한 연구를 필두로 새로운 지식을 학습하고 기억하는 것과 밀접하게 관련된 뇌의 부위가 양쪽 측두엽, 특히 그 안에 있는 해마(바다 생물인 해마와 모양이 매우 흡사하게 생겼다고 해서 붙여진 이름)라는 사실이 알려지게 되었다.

그런데 학습과 관련된 장기기억 기능의 손상에도 불구하고 H. M.의 지능IQ에는 변화가 없었다. 연구가 지속되던 중 1962년 밀너는 기억과 관련된 중대한 사실을 추가적으로 밝혀낸다. 밀너는 별 모양의 물건을 거울에 비추고 H. M.에게 거울에 비친 그 모양의 윤곽을 따라 그리게 했다. 처음에는 당연히도 삐뚤빼뚤 그렸다. 그런데 이를 매일 반복시키자, H. M.은 자신이 전날 무엇을 했는지는 기억하지 못했지만 별 모양을 그리는 스킬은 나날이 늘었고 이런 종류의 기억은 계속 유지되었다. 이러한 기억은 앞의 외현기억이 의식적인 것에 비해 매우 무의식적이고 자동적이다. 외현기억과는 성격이 전혀 다른 이러한 형태의 기억을 '암묵기억'이라고 한다.

　암묵기억은 몸에 각인된 기억이다. 앞에서 예로 들었던 손을 다친 은수의 무의식적인 행동이나 프루스트의 마들렌과 연관된 기억들이 모두 암묵기억의 한 형태다. 어릴 때 자전거를 배운 사람에게 처음에 무엇을 계기로, 누구에게 자전거를 배웠는지, 당시 상황은 어땠는지, 어느 정도의 시간이 걸려서 자전거를 잘 타게 됐는지를 물으면 전혀 기억하지 못할 것이다. 그러나 10년 넘게 자전거를 타지 않아도 자전거를 타는 법을 잊지 않는다. 이것은 몸에 새겨진 암묵기억 때문이다. 더구나 몸이 습득한 암묵기억은 그 위력도 강력하다. 가령 자전거를 타다 의식적으로 일부러 넘어지려고 해보자. 반사적으로 중심을 잡게 된다. 한번 각인된 암묵기억은 쉽게 바꿀 수 없다. 바이올린 같은 악기를 배우는 것, 수영이나 테니스 같은 운동을 배우는 과정들 역시 암묵기억과 밀접한 관련이 있다. '고향의 맛'이라든가 '어머니의 손맛' 같은 정서가 깊이 관여되는 감각의 기억들도 모두 암묵기억의 한 형태라 볼 수 있나.

훌훌 털기 위한 또 다른 훈련

심리학이나 정신의학 분야에서 암묵기억은 중요한 위치를 차지한다. 그 이유는 인간의 마음이나 감정뿐만 아니라 대인 관계에서의 반복되는 패턴이나 타인에 대한 무의식적인 태도 등이 모두 암묵기억과 관련이 깊기 때문이다. 김영하의 《말하다》에 이와 관련된 작가 본인의 자전적인 구절이 나온다. 그는 20대만큼 정도가 강하지는 않지만, 세상의 어떤 아버지들, 예를 들어 아이들을 체벌하는 교사나 남에게 훈계하는 이들을 보면 화가 치밀고 계속 반항심이 든다고 말한다.

저간의 사정은 모르겠지만, 우리는 작가가 아버지라는 존재나 권위와 연결된 뿌리 깊은 감정이 있음을 알 수 있다. 이런 '뿌리 깊음'은 기억, 특히 암묵기억의 또 다른 이름이다. 암묵기억 역시 '무시간성'의 특징을 가지고 있다. 감정과 관련된 암묵기억은 어떤 계기를 통해 건드려지면 당사자는 과거의 기억이 아닌 현재로서 생생히 경험하게 된다.

F는 30대 전문직 남성이었다. 그는 아버지와 같은 분야에서 일했는데, 아버지는 그 분야에서 유명한 인물이었다. 같은 길을 걷게 된 것도 F의 의지보다는 아버지의 바람이 컸다. 어렸을 때부터 F는 아버지에게 인정받고 싶어 했지만, 그의 바람이 충분히 채워진 적은 없었다. 시험에서 99점을 받으면 100점에서 1점이 모자란다고 야단을 맞는 식이었다. 아버지가 원했던 분

야에서 전문가로 일할 수 있기까지 피나는 노력을 했지만, 정작 한 번도 일에서 만족감을 얻은 적은 없었다.

F가 상담실을 찾은 이유는 잦은 폭음과 그에 따른 후유증 때문이었다. 술을 마시기 시작하면 필름이 끊길 때까지 마셨다. 그러고 나면 지나가는 사람을 붙잡고 시비를 걸거나, 집에 돌아와서 종종 집기를 부수고는 기억을 하지 못했다. 그는 그런 일이 계속 반복되는 것에 대한 불안으로 상담실을 찾게 되었다.

첫 상담부터 F는 매우 공손했다. 지나치게 공손해서 불편할 정도였다. 어느 정도 친밀감이 형성되자, 서른을 훌쩍 넘긴 성인임에도 그가 아이 같다는 느낌이 들 때가 많았다. 그럴 때면 F가 자신이 나를 아버지처럼 대하는 것 같다고 말했다. 벽에 걸린 그림이나 책장의 책에 대해 물어보다가도 이런 걸 궁금해하는 자신이 한심하다는 생각이 든다고 말했다. 왜 그렇게 생각하냐고 좀더 묻자, 중요하지 않은 것들을 질문하면 상담가의 '귀한 시간'을 뺏게 되고, 그러면 내가 자신을 한심하게 여길 것이라고 답했다. 그 이면에는 내가 그의 '쓸데없는 질문'을 귀찮아하거나 왜 '그따위 질문'을 하느냐라는 생각을 할 거라는 두려움이 있다고 했다. 상담가에 대한 관심과 비난에 대한 두려움이라는 서로 상반된 감정, 즉 '양가감정'이 자리 잡고 있었던 것이다.

그는 내 이력이나 저서 등을 보면서 자랑스러워했지만, 나에 대해 조금이라도 불편한 감정이 생기면 이를 말하는 것을 주저했다. 상담 내용과 관련해서 확고한 규칙이 있는 것은 아니지만, 정신분석 상담에서는 상담 중에 어떤 것이든 마음에 떠오르면 미리 거르거나 판단하지 말고 말로 표현하게 한다. 내담자가 사소하다고 생각했던 것도 상담가와 같이 그 의미를 알아가다 보면 오히려 굉장히 중요한 의미를 가지고 있는 경우도 있다.

반대의 경우도 흔하다. 즉 내담자 입장에서 오랫동안 중요한 문제라고 느껴왔는데, 상담실에서 얘기를 나누고 의미를 알아가는 과정에서 애초에 느꼈던 것처럼 중요치 않은 것으로 드러나기도 한다. 상담가에 대해서도 마찬가지다. 긍정이든 부정이

든 상담가에 대한 감정을 말하고, 그 감정들이 어디서 오는지 같이 탐색해가는 과정도 정신분석 상담에서 중요하다.

F는 상담가에 대한 부정적인 감정(화나 짜증)을 말로 표현하기 힘들어했지만, 자신의 마음 안에 그런 감정들이 생길 수 있다는 사실도 공포 그 자체였다. 이러한 마음에 대해 함께 탐색했을 때, 그는 두 가지 생각이 든다고 말했다.

"물론 머리로는 선생님이 절대 그러실 분이 아니라는 것을 알지만, 이상하게 마음속에서는 계속 선생님이 저를 혼내시거나 치료를 그만하겠다고 화를 내실 것 같은 생각이 듭니다."

"그리고 또 이게 이상한 생각이라는 건 아는데요. 아무튼, 제 마음속에 뭔가가 있고 제가 그걸 제대로 통제하거나 관리하지 않으면 안 좋은 일이 벌어질 것 같은 불안감이 들어요. 오래전부터 그랬어요."

정신분석에서는 이러한 현상을 전이라고 부른다. 인간의 삶, 특히 유년 시절에 감정이나 관계 면에서 중요한 대상(주로 부모)

과 경험했던 것들이 상담가나 타인과의 관계에서 반복되는 것이다. F의 말은, 아버지로부터의 처벌에 대한 두려움과 함께 아버지에 대해 자기 내면에 조절되지 않는 엄청난 분노와 공격성이 존재할 수 있다는 또 다른 공포가 상담가와의 관계에서 그대로 재현된 것이었다. 이러한 전이 현상도 일종의 암묵기억이다. 다소 거칠게 구분하자면 정신분석 상담은 크게 두 가지 방식으로 치유적인 효과를 가져오는 것으로 생각할 수 있다.

F의 마음 안에 공존하는 아버지로부터 인정받고 싶다는 욕구와 아버지에 대한 극도의 분노와 공격성. 그는 이 두 가지 양가감정을 무의식적으로 조절하기 위해 정신적 에너지를 많이 소모해왔고 그로 인해 삶을 즐길 여유가 없었다. 정신분석 상담을 통한 치유 효과의 첫 번째 방식은 자신이 타인에게 보였던 태도나 감정 등이 아버지와의 관계에서 상당 부분 연유했음을 알게 되는 것이다. 말하자면 '앎'을 통한 치유인 셈이다.

또 다른 방식은 상담가와의 관계에서 기존의 암묵기억을 서서히 바꾸는 것이다. 상담 초반에 지나치게 경직되어 보이고 예의 바르다 못해 불필요하게 굽실거리는 듯했던 F의 모습은 어릴 때부터 겪어왔던 아버지와는 다른 모습의 남자 연장자(상담가)와의 사이에서 신뢰감이 형성되면서 조금씩 편안해졌다. 나중에는 상담에 불만이 생기면 말로 충분히 표현하고, 먼저 농담을 건네기도 했다. 상담실 안에서의 양상이 바뀌면서 실생활에서 타인들을 대할 때도 훨씬 더 많은 여유와 변화가 생기게 되었다. 이러한 후자의 변화 방식은 무의식과 몸에 각인된 권위에 대한 암묵기억이 서서히 바뀐 덕분이었다. 이 두 가지의 변화 방식은 서로 맞물려서 진행되는 것이지, 명확히 구분되지는 않는다.

정신분석 상담을 통한 치유나 변화는 상당히 느리고 시간도 오래 걸린다. '모두 잊고 훌훌 털어버리라'는 위로는 해결책이 아니다. 오히려 암묵기억을 바꾸기 위해서 상담실에서든, 일상에서든 또 다른 훈련이 반복되어야 한다. 게다가 근본적인 변화를 기대한다면 몇 주나 몇 달의 상담만으로는 현실적으로 어렵다. 그 이유는 F처럼 마음 깊이 자리 잡은 무의식과 몸에 자리 잡은 오래된 암묵기억에 변화가 생기려면 상당히 오랜 시간이 걸리기 때문이다.

암묵기억과 관련된 오래된 패턴이 바뀌는 과정. 그래서 낡은 부대를 과거로 보내고 새 부대에 새 술을 붓는 과정이 바로 애도다. 축구 선수가 실제 경기에서 찬스가 왔을 때 몸이 자동적으로 반응해서 한 골을 넣게 하려면 같은 동작을 수천 번, 수만 번 반복해야 하는 것처럼, 서서히 그리고 꾸준히 다른 삶의 패턴을 학습해야 한다. 세 살 버릇 여든까지 간다는 말, 이것은 단지 '버릇'에 대한 이야기는 아닐 것이다. 한번 몸에 남은 '세 살 버릇'이 바뀌기는 그만큼 쉽지 않다. 하지만 우리 마음 깊은 곳의 생각과 감정들에 대해 차근차근 알아가다 보면 불가능한 일도 아닐 것이다.

2장

충분히 분노하고
온전히 슬퍼할 것

정도의 차이는 있겠지만 많은 사람들이
변화의 과정에서 마주하는 불안은 나름 일리가 있다.
누가 봐도 불편하고 고통스럽지만 너무 오랫동안 익숙해져서
역설적으로 안온한 상태이기 때문이다.
머리로는 분명 좀더 나아진다는 것을 알지만,
마음 한편에서는 새로움이 주는 낯섦이 두렵기도 하다.
우리는 모두 이 두 상태 사이에서 진자 운동을 반복한다.

감정의 둑을 무너뜨리는 일

마음의 무시간성

．
．
．
．
．
．
．

프로이트는 무의식의 가장 큰 특징 중 하나로 무시간성timelessness을 들었다. 예를 들어 어떤 사건을 겪은 지 20년이 지나고 많은 것들이 기억에서 사라지더라도, 어떤 대상과 관련된 심성은 그대로 남아 있는 것이다.

시집 식구들에게 부당한 일을 당한 며느리가 70대 할머니가 되어 상담실에 왔다. 더 이상 괴롭히는 시집 식구들은 없지만, 할머니는 여전히 50년 전의 억울했던 며느리로 돌아가 그때의 감정을 고스란히 그대로 느끼고 울분을 삭이지 못하며 눈물을 흘린다. 그 50년 동안 마음의 시계, 내면의 시계는 전혀 흐르지 않은 것이다. 억울한 일을 당했을 때만 시간이 멈추는 것은 아니다. 많은 이들이 '이루지 못한 첫사랑'에 대해 말하는 것도, 그에 관한 문학 작품이나 영화가 많은 이유도 비슷한 맥락일 것이다.

디즈니의 애니메이션 〈겨울 왕국〉은 이렇게 박제된 마음의 문제를 잘 표현하는 작품이다. 언니인 엘사는 모든 것을 얼려버리는 마법을 가지고 태어난다. 그런데 자신의 마법을 어떻게 조절해야 할지 잘 몰랐다. 어린 엘사는 실수로 동생 안나를 다치게 한다. 자신의 힘에 놀란 데다 부모에게 제대로 이해받지 못한 엘사는 얼음 왕국에 스스로를 유폐시킨다.

이 내용은 정신분석적으로 여러 가지 생각들을 떠올리게 한다. 그중 하나는 아이들이 성장하면서 발달하는 공격적 또는 성적 충동에 대한 두려움이다. 특히 사춘기 시절에 이러한 두려움은 극에 달한다. 많은 사춘기 아이들이 가족들과 거리를 두려는 이유 중 하나도 두려움과 관련이 있다. 다른 하나는 아이들의 공격적이고 성적인 충동과 관련된 부모의 태도와 아이에 대한 영향이다. 부모가 지나치게 융통성이 없고 편협하다면, 아이들은 자연스러운 발달 과정에서 만나는 감정들에 대해 부정적인 인식을 갖게 된다.

엘사는 내적 충동에 대한 두려움과 부모로부터 받은 상처를 얼음 왕국에 자신을 격리시키는 방식으로 해결하려 한다. 하지만 이러한 방식은 제대로 된 해결책이 될 수 없다. 결국 엘사는 치유의 첫걸음도 떼지 못하고 오랫동안 얼어붙은 채로 살아간다.

"대체 이 많은 분노가 어디에 묵어 있었던 걸까요?"

A는 30대 중반의 성공한 커리어우먼이었다. 어린 시절에는 모범생이었다. 학교에서든 집에서든, 항상 열심이고, 그 흔한 사춘기 방황도 겪지 않았다. 회사에서는 엄청난 일 중독자였다. 남성들이 많은 회사에서 밥 먹듯이 야근했고, 회식 때도 동료들과 어울려 새벽까지 술을 마셨다. 새벽까지 술을 마신 날에도 어김없이 아침 일곱 시면, 깔끔하게 화장을 마치고 한 치의 흐트러짐도 없이 정장을 입고 출근했다. 성실했으니 업무 성과는 당연히 좋았다. 동기 중에서 승진도 가장 빨랐다. 게다가 그녀는 회사의 가장 핵심 부서에서 일했다. 차장, 부장, 임원까지 계속해서 승승장구할 것 같았다.

갑자기 그녀에게 심한 우울증이 찾아왔다. 너무 무기력해서 손 하나 까딱할 수 없었다. 정말 아무런 이유가 없었다. 최소한 겉으로는 그랬다. 그리고 그녀 자신도 자신이 우울한 이유를 알 수 없었다. 그녀가 말했다.

"어렸을 때, 부모님이 서로 사이가 안 좋으셔서 자주 다투기는 했어요. 하지만 옛날 일이에요. 제가 고등학교 때부터는 금슬이 아주 좋다고 말하기는 어려워도 이전처럼 싸우시지 않았어요. 다른 집들에 비해 특별하게 형편이 나쁜 것도 아니었어요. 부모님은 지금도 잘 지내시는 편이에요. 그런데 제 우울증이 그거랑 관련이 있을까요? 솔직히 잘 모르겠어요."

상담이 진행되면서 그녀의 마음속에 있던 감정의 덩어리들이 드러나기 시작했다. 부유한 가정환경이었지만, 부모님이 모두 성격이 과격했다. 집안이 조용한 날이 없었고, 부모님은 하루가 멀다 하고 크게 싸웠다. 싸움이 벌어지면 그릇이나 가전제품 등 온갖 것들이 망가지고 부서졌다. 아버지의 고함, 엄마의 비명과 어린 동생의 울음, 이 안에서 어쩔 줄 모르고 불안에 떨고 있는 어린 A의 모습이 그려졌다. 동시에 A는 부모에 대한 엄청난 분노를 느꼈다.

상담 초반에 꾹꾹 눌러뒀던 어린 시절의 분노를 생생하게 느끼기 시작했을 때, 그녀는 상당히 당혹스러워했다. 그 감정들을 있는 그대로 느끼고 바라봐도 '안전'하다는 것을 알았을 때, 그녀는 다시 말했다.

"대체 이 많은 분노가 어디에 묵어 있었던 걸까요? 이토록 많은 것들이 제 안에 있었는데, 그걸 전혀 느끼지 못한 채로 살아왔다는 것도 참 희한하고 신기하네요."

마음속의 '미라'와 살아간다는 것

성공한 사업가였던 B는 부부 사이가 참 좋았다. 물론 젊었을 때는 혈기왕성했기에 동갑내기 아내와 많이 싸웠다. 사업 때문에 사람들을 만나느라 술도 많이 마셨고, 집안일에는 손가락 하나 까딱한 적이 없었다. 심지어 집이 이사하는 날에도 밖에서 거래처 사람들과 새벽까지 술을 마시느라 어디로 이사를 갔는지 모를 정도였다. 그래서 아내에게 새벽에 전화해서 찾아간 적도 있었다. 그사이에 자녀들은 잘 자랐다. 벌써 아들은 서른이 되어 결혼을 앞뒀고, 딸은 미국의 유명한 대학원에서 공부하고 있었다. 이 모든 것들 뒤에는 아내의 헌신과 보살핌이 있었다.

자녀들이 집을 다 떠나자 집 안이 썰렁했다. 사업체도 날로 번성해서 번듯한 기업으로 키워놨는데, 마음은 허전했다. 그제야 아내가 눈에 들어오기 시작했다. 아내에게 고마움을 표현하기도 하고, 예전에는 바빠서 다니지 못했던 둘만의 여행도 가기 시작했다. 이전과는 또 다른 삶이 펼쳐진 것 같았다. 젊을 때의 왁자지껄함이나 재미와는 분명히 다른 '사람으로 사는 맛'이었다. 왜 진작에 이런 재미를 몰랐을까.

1년 정도 새로운 삶의 재미를 만끽하던 어느 날, 아내는 어깨가 아프다고 했다. 별일 아니겠지 싶어, 먼저 동네 병원을 방문했다. 그런데 의사가 빨리 큰 병원에 가보라고 했다. 결국 그의 아내는 대학병원에서 유방암 말기로 진단을 받았고, 암세포가 뼈까지 전이되었다는 말을 들었다. 어깨 통증도 뼈에 전이된 암 때문이었다. 급히 치료를 시작했으나 결국 3개월 만에 숨지고 말았다.

B는 현실을 받아들이기 어려웠다. 이성적으로는 일이 어떻게 진행됐는지 알았으나, 감정적으로는 비현실적으로 느껴졌다. 밖에 나갔다 들어오면서 집 문이나 방문을 열면, 그 안에 분명히 아내가 있을 것만 같았다. 진료실을 찾아왔을 때는 이미 아내가 사망한 지 5년이나 지난 뒤였다. 그럼에도 그때까지 그는 아내의 유품을 하나도 버리거나 정리하지 않았다.

모든 것이 아내가 살아 있을 때처럼 놓여 있었다. 아내의 옷, 핸드백, 신발, 읽던 책들. 사정을 모르는 사람이 그 집에 방문했다면, 그의 아내가 잠시 외출했다고 생각할 정도였다. 아내의 죽음 뒤에 B에게 생긴 변화 중 하나는 혼잣말이었다. 그리고 그 혼잣말의 대상은 아내였다. 아들에 따르면 5년 전에 어머니가 사망했음을 잘 알면서도 마치 살아 있는 것처럼 B가 대화 아닌 대화를 한다는 것이었다.

B는 이 상황이 크게 불편하지 않았다. 표면적으로 드러나는 우울증도 없었고, 인지 기능이나 현실 판단력이 저하된 것도 아

니었다. 혼잣말이 문제였지만, 환청을 들은 적도 없었다. 그저 '이럴 때 아내라면 어떤 얘기를 했을까'를 생각하며 혼잣말을 한다는 것이었다. 진료실을 방문한 이유도 이에 대해 걱정하던 자녀들이 모시고 온 것이었다. B는 자녀들이 어떤 이유로 걱정 하는지도 정확히 알고 있었다. 여전히 회사는 잘 운영됐다. 이전 만큼은 아니지만 사회생활에도 문제가 없었다.

임상적인 틀로 B의 상태를 규정하기는 어려웠다. 하지만 그 의 내면의 시계는 5년 전 그 순간으로부터 단 1초도 흐르지 않 고 정지되어 있었다. 그리고 죽은 아내는 일종의 정신적 '미라' 상태로 그의 마음에서 함께 살아가는 셈이었다. 상담 치료를 권 했지만, 본인이 상담의 필요성을 크게 느끼지 못했다. 하지만 그 의 내면에 대해 내가 읽었던 것은 깊은 고통이었다. 동시에 상 담에 대한 불안이었디.

그에게 상담이 진행된다는 것은 마음속 시계가 다시 움직이 도록 하는 것이었다. 그 말은 아내를 마음에서 떠나보내야 한다 는 의미였다. 그런 면에서 깊은 상담을 시작한다는 것은 그에게 매우 위협적이었다. 결국 두세 번의 가벼운 상담으로 우리는 만 남을 종결했다. 가끔 B를 떠올릴 때가 있다. 마음의 고통과 슬픔 의 깊이가 대체 어느 정도일까. 얼마나 아프면 죽은 이의 모든 것을 하나도 정리하지 못하고, 정신적인 미라로 만들어서 떠나보내지 못하는 것일까. 사람의 마음을 함께 알아가는 일을 업으로 삼는 나로서도, 인간 마음속의 심연을 온전히 다 이해하기는 평생 불가능할 것이다.

죽은 시계에 밥을 주는 일

영화 〈건축학개론〉에서 대학생이던 남녀 주인공들이 만난 지 얼마 안 되었을 때, 버려진 한옥에 같이 들어가게 된다. 이때 서연은 죽은 시계에 밥을 준다. 언뜻 보기에는 별 의미 없이 순간적으로 스쳐 지나가는 장면 같기도 하지만, 내게는 예사롭지 않았다. 이 장면이야말로 사람의 마음, 특히 무의식에 대한 감독의 뛰어난 통찰이 빛나는 장면이 아닐까 싶다.

〈건축학개론〉에서 주인공들은 철없고 미숙하던 시절에 서로의 마음을 할퀴고 상처를 준다. 이들의 상처는 그대로 박제되어 마음속에 자리 잡는다. 죽은 시계는 망가진 두 사람의 마음도 멈춰서 시간이 흐르지 않았음을 보여주는 상징이다. 약 15년 정도가 흘러 좀더 성숙해진 여주인공이 폐가가 된 자신의 제주도 집을 찾는 장면으로 영화가 시작되는 것도 우연이 아니다.

마음속에 멈췄던 시계에 밥을 주어, 시계 침이 움직이도록 만드는 것이 바로 애도다. 특히 딱딱하게 굳은 마음에 숨을 불어넣기 위해서 내 안에 박제된 감정이 어떤 것인지를 인식해야 한다.

A는 어린 시절의 분노와 불안을 마주하지 않고 마치 아무 일이 없었던 것처럼 살았다. 결국 아무것도 느낄 수 없는 상황이 되었다. 그녀의 경우 애도하는 과정에서 어느 누구도 귀를 기울인 적이 없고 함께 느끼거나 알아보려고 하지 않았던 많은 감정들, 즉 분노, 무력감, 자괴감, 수치심 등을 생생하게 느끼는 것이 시작이었다.

B도 마찬가지다. 아내와 관련된 복잡하고 복합적인, 경우에 따라서는 서로 상반된 감정들이 그의 마음에 있을 것이다. 그 감정들이 충분히 다루어지고 처리되지 못했을 것은 분명했다. 따라서 이들의 마음에서 무엇이 그런 감정들을 충분히 느끼지 못하도록 했는지, 그 감정들을 있는 그대로 느끼는 것이 왜 그렇게 어려운 일이었는지를 상담가와 함께 알아나가는 것이 애도 과정의 중요한 첫걸음이 될 것이다.

사랑인 줄 알고 삼킨 것들

양가감정

일본 애니메이션 〈센과 치히로의 행방불명〉에는 '가오나시'라는 요괴가 등장한다. 그는 닥치는 대로 먹으면서 점점 커지는 캐릭터다. 등장 초반에는 무엇을 원하는지, 어떤 생각을 하는지 알 수 없다. 처음에는 사람들 사이에 낄 수 없었지만, 그가 사금을 만들어 뿌리자 사람들이 그의 앞에 굽실거리며 음식을 바친다. 가오나시는 단숨에 모든 사람들의 숭배 대상이 된다.

사금을 바라는 사람들이 음식을 바치면, 가오나시의 가면 아래로 붉고 커다란 입이 벌어지며 그것을 삼킨다. 그의 몸은 점점 비대해지지만 그의 허기는 채워지지 않는다. 가오나시는 자신에게 말을 걸었던 센의 마음을 얻고 싶었지만, 센은 그가 건

네는 사금에 관심이 없다. 가오나시는 센에게 말을 건다.

"먹을 걸 줄까? 황금을 줄까? 원하는 게 뭐야? 나는 황금을 너에게만 주기로 했어."

센이 아무것도 요구하지 않자 가오나시는 또다시 좌절한다. 이후에 가오나시는 자신의 내면에 있는 허기의 근원을 고백한다.

"외로워."

이 애니메이션에서 가오나시의 정체는 알 수 없다. 검은 망토 아래로는 팔과 다리만 보일 뿐이다. 가오나시가 허기를 해소하기 위해 삼킨 사람들은 다시 산 채로 토해지고 만다. 가오나시가 원한 것은 무엇이었을까.

음식과 사랑, 자아상의 관계

사람들에게 음식이 가지는 의미는 다양하다. 영화 〈봄날은 간다〉를 떠올려보자. "라면 먹고 갈래요?"라는 말을 주고받을 때, 라면은 유혹의 단어가 된다. 이후 "라면이나 끓여"는 낭만적이고 열정적인 사랑이 식어가고 일상의 반복이 시작되었음을, 상대가 더 이상 특별한 의미를 갖지 않음을 경멸적 방식으로 알리는 말이다. "내가 라면으로 보여?"는 사랑이 떠나갈 것을 예감하는 이의 불안과 짓밟힌 자존감, 그에 따른 수치심을 표현하는 말이다. 동시에 '밥'이 아닌 '라면(인스턴트)'은 이들 두 사람의 불완전하고 미숙한 관계를 상징하기도 한다. 음식은 단순히 영양소들의 화학적 조합을 넘어서는 어떤 것이다. 그 너머에는 사람의 마음, 감정, 관계 같은 것들이 자리 잡고 있다.

음식은 사랑 내지는 자아상과 관련이 깊다. 거식증 환자들은 외모를 통해 사랑과 관심을 받고 싶어 하는 경우가 많다. 이런 환자들은 어린 시절 자신의 애착 대상으로부터 충분히 사랑받지 못했다고 기억하며, 어떻게 해서든 그때 받지 못한 인정과 사랑을 받고 싶어 한다. 인정받는다는 확신이 없으면 존재감이 불투명해진다고 생각하는 것이다. 결국 자신의 얼굴이 없는 만큼 언제나 불안과 외로움 속에서 친구를 간절히 바라게 된다. 그래서 더욱 아름다운 외모에 집착하며 사회에서 아름답다고 선전하는 외모 기준에 자신을 맞추려 애를 쓴다. 그것이 그나마 가장 쉽게 관심과 사랑, 인정을 받는 방법이라고 생각하기 때문이다. 섭식장애의 원인으로는 생물학적이고 사회적인 요인들이 제시되지만, 성격적인 부분과 가족 요인도 분명히 존재한다.

먹는 것의 의미를 인간의 심리 발달에 대한 학문 체계에 처음 도입한 이는 프로이트였다. 그는 출생부터 대략 12개월 전후까지의 시기를 구강기라고 했다. 프로이트의 유년 발달 단계는 구강기—항문기—남근기(오이디푸스기)—잠재기 등으로 이어진다. 프로이트 발달 단계의 특징은 육체의 발달에 따라 심리적인 발달이 이루어진다는 것이다. 해당 단계가 지나가더라도 그 의미나 역할은 변형된 형태로 이후의 발달에 계속 영향을 미치게 된다.

구강기의 가장 큰 특징은 이 시기의 아이는 생존이라는 면에서는 너무나 무력한 존재라서 부모와 같은 주 양육자에게 절대적으로 의존해야 한다는 것이다. 한 사람이 독립된 인격체로 기능하기 위해서는 상당한 기간 동안 충분히 의존하고 기대고 받는 경험을 해야만 한다. 그렇기에 구강기적인 특성은 심리적인 거의 모든 문제와 연결될 수 있고, 문제가 발생할 경우 그 정도도 매우 심각할 수 있다.

언어가 발달하기 전, 아이들은 입안에 고이는 엄마의 젖을 포함해서, 촉각, 후각, 청각 등 온갖 직접적인 감각 기관들을 통해 세상을 파악한다(아이가 기어 다니기 시작할 때 모든 것을 입에 일단 넣어서 그게 어떤 성질의 것인지를 파악하고 탐구하는 것이 대표적인 예다). 배고플 때 적절하게 무언가가 입안에 들어와 그 불쾌한 느낌을 지우고, 배설물로 피부가 불편한 느낌들을 누군가가 잘 해결해줘야만 하는 시기다. 이 과정을 통해서 외부 세계가 자신에게 좀더 친화적인지 아니면 적대적인지에 대한 인상이 아이의 마음에 새겨진다. 성장 과정에서 구강기적인 의존의 욕구가 충분히 채워지지 않으면 아이러니하게도 오히려 독립하기가 더 어려워지는 경우도 많고, 누군가와 친밀한 관계를 맺기가 힘들 어지기도 한다.

이 시기의 주된 발달 과제는 삶에서의 안온한 즐거움과 쾌락 뿐만 아니라 의미 있는 대상(구강기에는 엄마나 부모와 같은 주 양 육자가 이러한 의미 있는 대상이 되게 마련이다)과의 사이에서 충분 한 의존을 경험하고 안전한 느낌을 느끼는 것이다. 이러한 경험 은 사람이 평생을 살면서 경험하게 되는 사람에 대한 기본적인 신뢰감, 즐거운 쾌락의 느낌, 적극성과 적절한 공격성의 발달 등 의 원형이 된다.

그녀의 폭식과 구토, 그리고 엄마
....

20대 미혼 여성이었던 C는 신경성 폭식증이었다. 하루에 한 번은 폭식을 했고, 폭식을 하면 보통 성인 기준으로 10인분을 먹었다. 배가 터질 만큼 먹고 나면 손가락으로 목젖을 건드려서 게워냈다. 종종 손가락을 넣지 않아도 원하면 토할 수 있었다. 토하고 나면 무언가 시원한 느낌이 들면서 곧바로 허전함과 수치심이 몰려왔다. 폭식을 하면 음식 맛을 알기도 어려웠고, 그저 공허한 속을 무언가로 채우는 느낌이었다. 토하고 나면 긴장감이 풀리면서 폭식과 구토를 반복하는 자신이 너무 혐오스러워 우울해졌고 죽고 싶어졌다.

정신분석 상담을 시작하고 나서도 상당 기간 동안 그녀는 상담가와의 관계에서 친밀함을 느끼기 힘들어했다. 그녀는 나와의 관계에서 친밀함을 느끼면, 자신이 심리적으로 지나치게 의존하거나 그런 관계에 중독될지도 모른다는 불안이 심했다. 물론 다른 태도도 보였다.

"친밀감요? 물론 선생님이 저를 도와주시려고 애를 쓰시는 건 알지만, 상담은 어차피 정해진 시간만큼 하는 거고, 저는 그에 맞게 비용을 지불하잖아요. 선생님이 제 부모 역할을 하실 수는 없지 않나요?"

그럼에도 그녀는 상담을 통해 도움받고 변화할 수 있으리라는 기대가 있었기에, 상담을 계속 유지할 수 있었다.

모든 종류의 상담, 특히 정신분석 상담은 두 가지의 서로 상충되어 보이는 독특한 특성을 가지고 있다. 부모 자식 사이나 연인·배우자 관계에서 다룰 수 없거나 다루지 않는 내용들이 주제가 될 때가 자주 있을 만큼 상담사와 내담자가 정서적으로 대단히 가깝고 깊은 사이라는 것이 그 하나다.

반대로 다른 하나는, C의 말처럼 돈이 오고 가는 '거래'의 측면이 분명히 있고 시간도 정해져 있다는 것이다. 그래서 상담가 본인의 사생활을 과하게 노출하거나 상담가의 문제를 다루지 않는다. 또한 상담실 밖에서 사적으로 만나지 않는다. 후자는 분명 상담의 한계일 수 있지만, 동시에 상담가와 내담자의 파괴적인 부분들이 만나 문제를 일으키지 않도록, 서로를 보호하는 최소한의 장치이기도 하다. 지금 이 순간에도 '가족'과 '핏줄'이라는 이름으로 이루어지는 크고 작은 통제와 간섭, 학대를 생각해보면, 그러한 장치들의 중요성을 알 수 있다.

이처럼 그녀는 상담가에 대한 서로 상반된 느낌, 즉 양가감정이 매우 심했고 가끔 이 감정들의 충돌로 인해 혼란감이나 불안감을 느꼈다. 상담이 한편으로는 어떤 틀(그녀의 표현대로라면 '차가움')이 있는 동시에 '인간적'인 특성을 얼마든지 함께 가질 수 있고, 그 안에서 상담을 통해 자신이 좀더 편안해질 수 있음을 마음으로 받아들이기까지 상당한 시간이 걸렸다. 상담이 계속 진행되면서 그녀가 왜 그렇게 상담가와의 관계에서 친밀하고 안정적인 경험을 하기 힘들었는지가 조금씩 드러났다.

상담가에 대한 양가감정은 그녀가 엄마와의 사이에서 경험한 것과 비슷했다. 그녀의 엄마는 본인의 필요에 따라 어린 그녀의 의지와는 상관없이 배가 부를 때도 억지로 먹였다. 또한 엄마가 주는 음식을 남기는 것은 집안의 금기였다. 반대로 엄마는 자기 기분이 좋지 않은 날에는 철저히 냉담했다. 아버지는 다혈질이었고, 조금이라도 기분에 거슬리면 화를 폭발시켰다.

부부는 사소한 일로 자주 다퉜다. 싸우고 나면 종종 엄마는 집을 나갔다. 어린 C는 '엄마가 돌아오지 않으면 어쩌나' 하는 불안을 자주 느끼곤 했다. 엄마에 대한 C의 태도도 극단적으로 가깝거나 영영 안 볼 사람처럼 냉담했다. 중간 없이, 둘 중 한 상태에 있었다. 스트레스가 쌓이거나 엄마와의 관계가 안 좋아지면 폭식과 구토가 더 심해졌다. 상담에서도 상담가와 심리적으로 너무 가까워졌다고 느껴지거나, 반대로 상담가에게 화가 나면 폭식 증상이 더 심해졌다.

상담이 진행되면서 폭식과 구토가 갖는 여러 의미들을 깨닫게 되었다. 그중 하나는 폭식이 C의 스트레스나 불안을 달래는 어떤 위로 같은 것이었다는 점이다. '위로'라는 단어는 정확하지 않다. 오히려 한쪽 엉덩이에 주사를 맞을 때 반대쪽 엉덩이를 때려서 통증을 순간적으로 잊게 하는 것처럼, 폭식은 그녀에게 음식으로 강한 자극을 줘서 스트레스 상황을 일시적으로 잊게 만드는 것이었다.

또 다른 면에서 폭식은 엄마와의 일체감을 상징했다. 반대로 구토는 엄마로부터 거리를 두는 것을 의미했다. 이는 상담가와의 사이에서도 마찬가지였다. 엄마나 상담가라는 의미가 음식으로 상징화된 것이었다.

오래전 영화 〈301 302〉는 대인 관계에서 음식과 관련된 문제가 얼마나 폭력적일 수 있는가를 잘 보여주는 작품이다. 새희망 바이오아파트 302호에는 신경성 식욕부진증(거식증)으로 음식을 거부하는 윤희가 살고 있다. 윤희는 사춘기 시절 정육점을 운영하는 의붓아버지에게 성폭력의 위협을 당했다.

301호 송희는 요리에 집착하는 여자다. 송희는 자신이 해준 음식을 윤희가 먹지 않고 버린다는 사실을 알게 된다. 이후 이들의 관계는 단순한 호의에서, 먹기를 강요하고 거부하는 가학피학적인 관계로 변질된다.

가학성(사디즘)은 원래 성적 상대를 괴롭히고 학대하는 행위를 통해 흥분과 만족을 얻는 현상을 일컬었고, 프로이트에 의해 성적인 상황이 아닌 경우에도 상대에게 물리적인 학대를 가하거나 심리적인 조종, 멸시 등을 통해 만족을 얻는 증상까지로 확대되었다.

피학성(마조히즘)은 반대로 스스로에게 처벌적인 행동을 반복하거나 관계에서 학대를 당하는 패턴을 반복하는 양상을 일컫는다. 이 영화의 초반에서라면 송희가 가학의 주체에 해당한다. 영화이기 때문에 다소 극적이고 과장됐지만, 우리 주변에도 비숫한 수많은 가학 피학적인 관계가 존재한다.

흥미로운 점 중 하나는 윤희를 성폭행하려고 했던 의붓아버지의 직업이 정육점 사장이었다는 것이다. 다시 말해 그녀에게 음식, 특히 육식은 가해자의 공격성과 성(폭력)에 연결되는 것이었고, 동시에 인간의 (추악한) 욕망을 떠올리게 하는 매개체다. 또한 자신을 성적으로 학대했던 의붓아버지와 그 사이에서 방관했던 엄마에 대한 내재된 공격성을 자극하는 것이기도 하다. 음식은 윤희에게 자신의 자연스러운 성적 발달과 욕구를 수치스럽게 느끼게 하는 무엇이기도 하다. 윤희가 음식뿐만 아니라 성적으로나 감정적으로 매우 억압됐고, 책과 글에만 집착하는 것도 이러한 맥락에서 볼 수 있다. 책과 글에 집착해서 내면의 어떤 갈등으로부터 피하려는 방어기제를 프로이트의 딸인 안나 프로이트는 '지식화intellectualization'라고 명명했다. 공격성과 성의 발달이 급격히 이루어지는 사춘기나 청소년기에는 정상적인 발달 과정에서 지식화 경향이 많이 나타나기도 한다.

새로운 기쁨의 탄생을 위하여

D는 어릴 때부터 잔병치레가 잦았다. 자연스럽게 엄마와의

관계에서 독립이 늦었고, 30대가 되어서도 혼자 할 수 있는 것은 거의 없었다. 대학 교육까지 잘 받았고, 지능이 낮은 것도 아니었다. 뭐든지 혼자서 결정하고 해결할 수 있는 듯했지만, 사실은 옷 한 벌 사는 것, 밥을 먹는 것조차 엄마가 옆에 있어야만 가능했다.

한편 엄마가 자신의 일거수일투족에 대해 참견하고 잔소리하는 것 같으면, 참지 못하고 분노를 폭발시켰다. 그러고 나면 죄책감이 밀려 왔다. 엄마는 원래 매사에 노심초사하는 성격이었다. 둘의 관계는 엄마의 지나치게 강박적이고 불안한 성격, D의 의존 욕구와 잦은 잔병치레가 얽혀서 만들어낸 건강하지 않은 패턴이었다.

서른 중반에 엄마와 크게 싸운 뒤, 그녀는 엄마로부터의 독립을 선언했다. 그럼에도 그녀는 현관문에 있는 잠금 장치의 비밀번호를 알려달라는 엄마의 요구에 순순히 응했다. 일주일에 한 번 엄마는 그녀의 원룸을 방문해 매번 자신이 생각하기에 몸에 좋은 음식으로 냉장고를 꽉 채워두곤 했다. 대부분의 음식들은 그녀가 싫어하는 것이었고, 냉장고도 혼자 쓰기에는 너무 큰 용량이었다. D 혼자서 도저히 먹지 못할 양인 데다 그녀가 좋아하지도 않는 음식들이었기 때문에, 결국에는 상해서 버려야만 했다.

이에 대해 엄마에게 반복해서 얘기했지만 변화는 없었다. 결국 D는 화를 주체할 수가 없었고, 엄마가 냉장고에 넣어둔 음식들을 전부 버리는 것으로 화를 풀곤 했다.

D의 일화는 음식을 통해 상대방을 과도하게 통제하는 예 중하나다. 넓은 의미에서 보면 엄마와 그녀의 관계는 가학 피학적인 양상을 반복하고 있었다. 혼자 먹을 수도 없고, 좋아하지도 않는 음식을 억지로 강요하는 엄마는 가학적인 모습이다. 그런 엄마가 본인이 집에 없을 때 방문하는 것을 싫어하면서도 현관의 비밀번호를 알려준 그녀는 피학적인 모습이라 볼 수 있다.

반면 엄마의 음식을 모두 내다버릴 때의 그녀는 가학적이다. 냉장고에 계속 음식을 채우는 엄마의 행동은 피학적이다. 이렇게 가학과 피학은 동전의 앞과 뒤처럼 한 사람에게서도 상대나 상황에 따라 뒤바뀌어 나타나기도 한다.

정신분석 상담을 진행하다 보면 신기하게도 종종 식습관이나 음식에 대한 기호가 바뀌는 경우가 있다. 40대 주부인 E는 먹는 것에 관심이 없었고, 평생 음식을 맛있게 먹었던 기억도 없었다. 그녀에게 음식은 그저 살기 위해 섭취해야 되는 영양분들의 집합, 그 이상도 이하도 아니었다. 인상도 무언가 짜증스럽고 피곤해 보였고, 마른 체형에 예민했다.

상담을 진행하면서 그녀에게 음식을 맛있게 먹는 행위가 탐욕스러운 이미지와 연결이 된다는 것을 알게 됐다. 그녀가 '게걸스럽다'나 '꾸역꾸역'이라는 표현을 떠올렸던 것이다. 그녀에게 탐욕의 느낌은 음식뿐만 아니라 모든 적극적인 활동에 해당되었다. 성과 관련된 면에서도 거의 불감증 상태였다. 진단적으로 만성적인 우울증의 일종인 '기분부전증'에 해당되었으나, 자신의 내면에 있는 감정을 잘 느끼지 못했기 때문에 그녀는 '전반적으로 무언가 가라앉아 있는 느낌' 외에 '우울감'이 어떤 느낌인지 잘 모르겠다고 말했다.

매사에 소극적이어서 새로운 것을 시작하거나 배우는 데는 늘 두려움이 앞섰다. 심지어 여행도 멀리 가본 적이 없었고, 생활 반경도 매우 좁았다. 그녀가 어릴 때 엄마는 우울증을 앓았다. E가 조금이라도 자기 마음대로 뭔가를 하면 부모는 "네가 자꾸 그렇게 행동하면 엄마가 더 아파"라고 말하곤 했다. 어린 E의 입장에서는 무엇을 하든, 자신의 행동으로 인해 엄마가 더 아플지 모른다는 불안감이 마음속에 깊이 스며든 것이다.

그녀의 마음속에서 자신의 욕구에 충실한 것은 곧 엄마를 아프게 하는 것이었다. 그리고 엄마가 아파서 무슨 일이 생기면 이는 곧 자신이 세상에 홀로 남겨지거나 버려질 것 같은 공포와 연결됐다. 성인이 된 E는 머리로는 그렇지 않다는 것을 알았지만 무의식적으로 그리고 감정적으로 그 공포가 휴화산 깊은 곳에 놓인 뜨거운 마그마처럼, 그녀의 태도와 행동에 강력한 영향을 주었던 것이다.

이후 그녀는 어린 시절의 불안, 공포, 분노, 죄책감 등 여러 감정을 좀더 세분해서 느낄 수 있었다. 자신의 마음 안에 그러한 감정이 생기더라도 그로 인해 엄마가 '아프거나 죽지' 않는다는 것을 받아들이게 되었다. 그러면서 조금씩 식욕이 되살아났고, 음식 맛을 조금씩 알기 시작했다. 그전까지 아이들 때문에 만들던 고기 요리를 처음으로 제대로 맛보고 나서 "고기가 이렇게 맛있는 건지 처음 알았어요"라고 말하기도 했다. 마치 어린 아이들이 여러 음식들을 먹기 시작하면서 느끼는 기쁨과도 비슷해 보였다.

편식이 심했던 그녀는 고기나 회 등 여러 종류의 음식들을 적극적으로 '탐구'하듯이 먹기 시작했다. 동시에 그녀는 수다스럽고 명랑하며 쾌활했던 어린 시절의 자신을 회상했다. 어느 날 그녀가 말했다. "생각해보면 저는 정말 쾌활하고 적극적인 아이였는데, 언제부터 이렇게 소극적인 사람이 되었는지 모르겠어요." 그러면서 대인 관계에서도 적극적인 모습을 보이기 시작했고, 여행도 다니기 시작했다.

음식은 인간의 가장 기본적인 욕구이자 즐거움과 쾌락의 원천이다. 또한 인생에서 중요한 관계들을 정서적으로 연결해주는 중요한 매개체이기도 하다. 가족이나 친한 지인들과 삼겹살에 소주를 기울일 때 매번 이런 복잡한 생각들을 떠올리는 것은 다소 이상하게 보일지도 모른다. 그러나 즐거움의 시작이어야 할 음식과 관련해서 어려움이 있다면 그 의미들을 충분히 탐색해볼 가치가 있을 것이다.

나를 붙드는 당연한 두려움

익숙한 고통으로의 회귀

F는 가정폭력의 피해자였다. F의 남편은 신혼 여행지에서 돌아온 이후부터 술만 마시면 폭행을 일삼았다. 그녀의 남편은 F를 죽도록 때리고 나면, F가 왜 맞아야 하는지부터 F가 얼마나 못나고 아내로서 문제가 많은 사람인지까지 조목조목 열거했다. 화장실 바닥에 떨어진 F의 머리카락부터 음식 문제, 아이 양육 문제, 심지어는 F가 내성적이라 친구가 많지 않다는 것도 폭력의 이유가 됐다. 거의 모든 일상적인 것들과 사소한 실수들까지 비판의 대상이 되었다.

F는 남편의 얘기를 듣다 보면 자신이 세상에서 가장 못난 사람 같았다. F의 마음은 복잡했다. 한편 그런 상황들이 너무 고통

스러워서 벗어나고 싶으면서도, 다른 한편에선 '내가 맞아도 싼' 게 아닌가 하는 느낌이 들었다. 또한 자신이 지나치게 스스로를 보호하고, 남편만 비난하는 게 아닌가 싶기도 했다. 이런 일들을 상담가에게 말한다는 사실 자체도 상당히 수치스러워했다.

상담이 진행되면서 그녀는 조금씩 자신의 목소리를 내게 되었다. 어느 누구보다 강해 보이고, F를 두렵게 하는 존재였던 남편에 대한 생각이 달라지기 시작했다. F는 자신이 남편을 두려워하는 것만이 아니라, 부모에게 버림받고 학대받았던 그에 대한 연민도 있음을 알게 됐다. F가 결혼을 결심한 이유 중 하나도 이러한 부분과 관련이 있었다. 불행한 과거를 겪은 남편에 대한 연민이 너무 커서 이 사람을 그냥 놔두기에는 너무 가슴이 아팠던 것이다. 자신이 충분히 사랑을 베풀고 보듬어주면, 남편의 공허한 내면을 치유할 수 있으리라는 생각과 자신감이 있었던 것이다.

그런데 상담이 진전될수록 그녀는 극도로 불안해지기 시작했다. 어느 날 그녀는 자신이 무중력의 공간에 떠서 아무것도 잡을 수 없는 통제 불능 상태에 있는 꿈을 꾸었다. 그 꿈은 치료가 진행되면 자신에게 통제할 수 없는 파국이 올 것 같은 막연한 두려움과 일맥상통했다. 그녀의 마음속에는 '상담 성공은 곧 결혼 생활의 파국이야. 결혼 생활이 끝나면, 혼자 남겨질지도 몰라'라는 (비이성적이지만 너무나 강력한) 불안이 떠나지 않았다. 그 두려움의 정체가 무엇인지 좀더 생각해보는 시간들을 가졌지만, 그에 대해 알아갈수록 그녀의 불안은 더 커져서 공황 증상까지 일으켰다. 결국 F는 갑자기 치료를 멈췄다.

편안해지는 만큼 불안하다

정신분석 상담은 하루아침에 끝나는 것이 아니다. 생각보다 장기적인 데다 상담 과정이 늘 앞으로 직진만 하는 것도 아니다. 앞으로 나아가고 후퇴하고를 반복하면서, 전체적으로는 나아지는 방향으로 진행된다. 어떨 때는 같은 자리를 계속 맴도는 느낌을 받기도 한다.

그런 면에서 나는 상담은 일종의 나선형 구조물을 오르는 것과 비슷하다고 느낄 때가 많다. 한편으로는 계속 움직이지만, 어느 자리에서 내려다보면 아까와 똑같은 자리가 보일 때가 있는 것이다.

그래서 경우에 따라 치료 과정이 상당한 교착 상태에 빠지기도 한다. 심한 경우 F처럼 치료 자체가 중도에 끝나기도 한다. 프로이트는 이를 '부정적 치료반응negative therapeutic reaction'이라 명명했다. 그는 의식 수준에서 파악하기 어려운 매우 무의식적인 죄책감이나 죄의식이 이러한 부정적 치료반응의 밑바탕에 자리 잡고 있다고 생각했다. 일종의 자기 파괴적인 감정인 것이다.

프로이트가 말한 부정적 치료반응은 일시적인 정체 현상과는 질적으로 다르다. 부정적 치료반응은 프로이트가 오랜 고심 끝에 '죽음의 본능death instinct' 개념을 생각하게 만든 중요한 이유 중 하나이기도 했다.

세포가 일정 횟수 이상 분열을 반복하다가 어느 시점이 되면 '아포토시스apoptosis'라고 불리는 자멸 기전이 작동해서 사라지는 것처럼, 생명체 안에 스스로를 파괴하고 소멸시키는 본능이 있다는 말이다. 학파에 따라 입장이 다소 다르기는 하지만, 자아 심리학을 비롯한 많은 학파에서 이 죽음의 본능을 중요하게 받아들이지는 않는다. 그러나 그런 고육지책을 짜냈어야 할 만큼 프로이트를 고민하게 만든 문제라는 사실은 달라지지 않는다.

많은 이들이 증상이나 자신을 괴롭히는 병적이고 반복적인 패턴을 제거하면 삶이 편안해질 것이라고 생각한다. 원칙적으로는 그렇다. 그런데 무의식적인 죄책감에 지배당하는 이들은 스스로가 편안해지는 것을 용납하지 않는다. 여기에 덧붙여 자신을 괴롭히는 반복적인 패턴은 매우 '익숙하다'. 증상을 제거하는 것은 익숙한 상태에서 벗어나는 것이기도 하다. 이 과정에서 경험하지 못한 낯선 세계로 진입하게 되는 두려움을 느낄 때가 많다.

물론 이는 이성적이고 합리적인 사고는 아니다. 하지만 우리 마음과 감정은 이성과 합리성으로만 설명할 수 없다. 증상 소실, 즉 오래된 익숙한 패턴을 버리고 새롭게 변화하는 것에 대한 두려움은 플라톤이 말한 저 유명한 '동굴의 비유'를 통해서도 읽어낼 수 있다.

동굴에 많은 죄수들이 벽면을 향한 채 결박돼 있다. 이들이 볼 수 있는 것은 벽면뿐이다. 밖에서 들어오는 햇빛으로 인해 이 죄수들은 벽에 비친 자신들의 그림자만 볼 수 있다. 이들은 벽에 비치는 것이 자신들의 그림자라는 사실을 모른다. 그림자 자체가 실재한다고 믿는 것이다. 어느 날 그중 한 사람이 사슬에서 풀려나 동굴 밖으로 나가게 된다. 그는 진짜 세상을 보고, 여태까지 자신이 느끼고 믿었던 모든 것이 허상이라는 사실을 깨닫는다. 그는 다시 동굴로 돌아와 남아 있는 죄수들에게 동굴 안의 세계가 얼마나 불완전하고 헛된지를 설명한다. 그러나 다른 죄수들은 그가 미쳤다고 생각하고 믿지 않는다.

이 우화는 철학만큼이나 정신분석에서도 중요하게 다뤄진다. 우리는 각자만의 반복적인 패턴이라는 족쇄에 갇혀서 그 이상을 볼 수 없는 동굴 속 수인들이다.

상담을 갑자기 그만두기 직전 F가 남긴 말은 늘 내게 안타까움과 고민을 안긴다.

"선생님 덕분에 제 삶이 일부 나아졌어요. 그건 인정해요. 제가 편안해지는 만큼 마음이 한없이 불편해요. 그리고 앞으로 상담을 계속 진행하면 저는 어떻게 되는 거죠? 제 삶의 굴레를 끊은 그다음은요? 지난 15년간의 제 인생을 스스로 부정해야 하는 건가요? 상담이 더 진행됐을 때의 제 삶이 지금보다 더 나은 삶이 되리라는 건 누가 보장하죠? 지나간 제 인생을 부정하고 새로운 삶이 시작되었을 때, 만약 그 삶이 저에게 충분한 만족감을 주지 못한다면 저는 그때 어떻게 해야 되나요?"

정도의 차이는 있겠지만 많은 사람들이 변화의 과정에서 마주하는 불안은 나름 일리가 있다. 누가 봐도 불편하고 고통스럽지만 너무 오랫동안 익숙해져서 역설적으로 안온한 상태이기 때문이다. 머리로는 분명 좀더 나아진다는 것을 알지만, 마음 한편에서는 새로움이 주는 낯섦이 두렵기도 하다. 우리는 모두 이두 상태 사이에서 진자 운동을 반복한다.

긍정적이지만 혼란스러운 변화

또 하나의 문제는 증상이나 병적 패턴이 가진 숨겨진 기능이다. 자신을 괴롭히는 증상은 생각보다 자신의 삶에 더 깊은 의미를 갖고 있다. 이는 다음과 같은 내담자의 고백에서 분명히 엿볼 수 있다.

G는 30대 중반의 미혼 남성으로 만성적인 우울증을 오래 앓았다. 겉보기에는 회사에서도 별 문제가 없었고, 집안에서도 어려운 점이 눈에 띄지 않았다. 회사에선 원래 말수가 적고 그저 조용한, 그리고 사람들과 어울리는 것을 달가워하지 않는 사람 정도로 인식되었다. 그는 늘 우울한 느낌이 있었고, 몸도 항상 무거웠다. 기억하는 한, 머리가 맑았던 적이 거의 없었다. G의 잠재된 능력에 비해 업무나 사회적인 성취 정도가 적어 보이긴 했지만, 티가 날 정도의 문제를 일으킨 적은 없었다.

G의 부모는 결혼을 종용했지만, G는 연애를 시작하거나 누군가를 소개받지도 않았다. 누군가를 만나고 사귀고, 이후 결혼까지 이어지는 과정에서 너무 많은 정신적 에너지가 소모될 것 같은 느낌에 압도됐기 때문이다. 상담이 상당 궤도에 오르고 서서히 우울의 구름이 걷히기 시작할 무렵, 그가 말했다.

"저는 정말 오랫동안 출구가 보이지 않는 어둡고 긴 터널 속에 있었던 느낌이에요. 이제 그런 느낌에서 벗어나고, 나한테도 이런 날이 있구나 싶은 마음이 들어서 너무 좋아요. 그런데 이상하게도 다른 한편에서는 너무 혼란스러워요. 전에는 우울이라는 어둠 속에 잠겨 있으면 그 가라앉은 느낌 외에는 역설적으로 다른 걸 신경 쓸 필요가 없었거든요. 그런데 지금은 꼭 꿈에서 깬 느낌이에요. 힘든 꿈에서 깨어나서 좋기도 하지만, 이토록 세상이 복잡할 거라곤 이전엔 한 번도 느끼지 못했어요. 부모님이든 직장 동료들이든 아니면 몇 안 되는 친구들이든 그들과의 관계에서 이제 뭘 어떻게 해야 할지 잘 모르겠어요."

G에게 새로운 변화는 긍정적이었지만, 동시에 그를 낯섦의 충격으로 몰아넣고 혼란스럽게도 했다. 낯익은 오래된 패턴에는 그가 몰랐던 숨겨진 순기능이 있었던 것이다.

G는 자존감이 매우 낮았다. 자신의 삶에서 조그만 기회가 생겨도 '나는 원래 안 돼'라며 쉽게 포기했다. 그 과정에서 경쟁을 하거나 에너지를 쓰는 것이 무척 힘들었기 때문이었다. 표현하자면 '성공 공포증'이라 부를 만했다.

그의 아버지는 매우 '강한' 사람이었다. 자수성가한 그의 아버지는 외아들이었던 G에게 늘 뛰어난 성취를 강요했고, 그에 미치지 못하면 혹독하게 비판했다. 사춘기가 한창이던 고등학교 1학년 때의 어느 날, G는 밥상에서 잔소리를 하던 아버지에게 화를 참지 못하고 폭발했다. 식탁을 내리치고 급하게 자리에서 일어나는 바람에 식탁 위에 놓인 뜨거운 국그릇이 엎어져 아버지의 다리에 국이 쏟아졌다. 화를 참지 못한 아버지는 G의 따

귀를 때렸고, G도 아버지를 밀치고 밖으로 뛰쳐나갔다. 그 과정에서 아버지는 심하지는 않았지만 허벅다리에 살짝 화상을 입었고, 아들이 자신을 밀쳤다는 생각에 분노가 치밀어 한동안 잠을 자지 못했다.

몇 시간 뒤에 G는 집으로 돌아왔지만 분위기는 말이 아니었다. 이후로도 이때의 일에 대해서는 모두가 입을 다물었다. 상담 과정에서 그의 우울 증상과 무기력, 성공 공포증이 어떤 기능을 하는지 밝혀졌다.

첫째, 그에게 삶에서 무언가 성취를 한다는 것은 자신이 그토록 증오하던 아버지의 욕구를 충족시켜주는 것이었다(물론 그는 어느 시점까지 이를 전혀 인지하지 못하고 있었다). 자신의 패배가 아버지와의 관계에서 일종의 성공이 되는 역설적인 문제가 도사리고 있었던 것이다.

둘째, 어떤 성취의 과정은 많은 경우에 공격성을 수반한다. 물론 이런 때의 공격성은 '분노'나 '화'를 말하는 것이 아니라, 좀더 중립적인 공격성(예를 들어, '공격적으로 업무를 추진하다'라는 표현에 쓰이는 경우가 여기에 해당할 것이다)에 해당하고, '적극성'에 좀더 가까운 개념이다. 그런 면에서 적극성도 넓은 의미의 공격성에 포함시킬 수 있다.

G에게 고등학교 때의 사건은 자신이 적극성이든 중립적인

의미의 공격성이든 자신의 내면에 있는 어떤 것을 발휘하고 무엇이든 성취하면, 자신의 부모에게 굉장히 좋지 않은, 이른바 어떤 파국적인 결과(예를 들어, 부모가 암에 걸린다든가)가 생기거나, 아니면 자신이 어떤 식으로든 보복이나 벌을 받을 듯한 느낌으로 연결되었다. G의 경우에도 그 밑바탕에는 무의식적인 죄책감이 자리 잡고 있었다.

많은 경우 증상이 가지고 있는 기능들이 있다. 분명 증상은 치료의 대상이기도 하지만, 역설적으로 F나 G의 경우처럼 내적인 갈등과 관련해서 일종의 쐐기와 같은 구실을 하는 측면도 있다. 동시에 어떤 혼란감을 줄여주기도 한다. 이에 대한 대가로 증상을 얻게 되는 셈이다.

언뜻 보기엔 특별한 기능이 없거나 없애도 될 것 같은 작은 쐐기를 빼버리면 집이 무너질 수도 있는 것처럼, 증상이 병적인 균형을 유지시킬 때가 많다. 따라서 당사자는 의식적으로는 그 고통이나 증상에서 벗어나고 싶어 하지만, 전혀 의식하지 못하는 무의식 속에서는 증상을 포기하기가 어려운 것이다. 또한 F와 G 모두에게 증상에서 벗어난다는 것은 심리적으로 의지하거나 의존할 수 있는 누군가의 상실을 의미하기도 했다.

자유롭다는 말
·····················

프로이트는 자신이 제시한 구조 이론 structural theory에서 이렇게 증상이나 특정 패턴이 형성되는 심리적 원리와 그 증상들의 기능들에 대해 설명했다. 구조 이론에서는 사람의 마음이 이드, 자아, 초자아로 구분된다고 본다. 그리고 인간의 행동은 이 세 가지 기능들이 맞물려서 동굴 벽의 그림자처럼 스크린에 만들어내는 어떤 결과물이라고 생각했다.

이들의 마음속에는 어떤 공격성, 반대로 인정과 사랑에 대한 욕구와 그에 따른 좌절과 분노가 도사리고 있다. 그런데 이러한 이드에 해당하는 내용을 모두 표출시킬 수는 없다. 대부분의 사람들에게는 통제할 수 없는 무언가가 내 안에 있다는 느낌 자체만으로도 엄청난 공포다. 그래서 이러한 마음들이 올라올 때 지아는 위험 신호를 보낸다. 이 위험 신호가 불안이다. 자아로 인해 이러한 욕망들은 변형된 형태로 표출된다. 이는 아버지를 패배시키는 것이지만 표면적으로는 자신을 끊임없이 패배시키는 G의 사례에서 볼 수 있다.

한편 이들의 충분히 발달하지 못한 자아는 새로운 동굴 밖의 세상은 위험할 수 있다고 과도한 경고를 보낸다. '새롭게 보이는 것이 헛것이고, 네가 있던 자리가 실재야'라고 말이다. 초자아는 무의식의 죄책감에 연결되어 자아보다 더 강력한 메시지를 보낸다. '아무리 그래도 남편이 너를 사랑하는데, 남편 욕을 하는 너는 뭐지?' '아버지를 그렇게 미워하는 건 패륜 아니야? 너는 늘 실패하고도 남을 놈이야.' 그리고 무의식 안에서 이러한 희생자 의식은 또 다른 충족감을 제공한다. '나는 힘없고 여리고 순진무구한 어린애 같은 피해자일 뿐이야. 가해자는 당신이야.'

이렇게 이드, 자아, 초자아의 요구들이 마주치는 지점에서 쐐기(증상이나 성격적인 패턴)가 생겨난다. 단순히 작은 쐐기 하나만 바꾼다고 해서 진정한 변화가 일어나기는 어렵다. 변화는 마음의 전체 구조와 관계들이 바뀌어야만 가능한 일이기 때문이다. 다른 이들에게 아무리 쉽고 좋아 보여도, 그 길은 당사자에게 너무나 새롭다. 그래서 위험한 길로 느껴질 수 있다. 증상이나 문제가 되는 성격적 패턴으로부터 벗어나 자유로워지는 과정이 바로 애도다. 무의식적인 죄책감, 변화에 대한 불안 등은 이러한 애도 과정을 쉽지 않게 만드는 대표적인 이유들이다. 애도 과정은 그래서 꽃길로만 여겨지지 않을 때도 있다. 그래도 상담가와 함께 한 걸음씩 자신의 내면으로 들어가다 보면, 분명 어느 시점에는 좀더 충만한 삶을 살 수 있게 될 것이다. 스스로가 만든 감옥에서 벗어나기 위해, 용맹정진!

어디까지 문제인지 파악하기

우리 안의 방어기제

저는 사람이 아니에요. 사실 저는 프로토스(게임 캐릭터로 우
주의 종족 중 하나. 정신적으로 고도로 진화된 존재이며, 생식기는
거의 퇴화되었다고 한다)예요. 그러니까 저는 제 성기와 고환을
잘라버려야 해요.

20대 후반의 조현병 환자 H가 어느 날 이렇게 섬뜩하고 기
괴한 이야기를 했다. 기본적으로 조현병은 뇌의 신경회로와 호
르몬에 심각한 문제가 생겨서 발생하는 질환으로, 상담 치료보
다는 통상적으로 항정신병 약물 투여가 치료의 핵심이 된다. 이
환자는 약을 잘 복용하다가도 인생에서 무언가 좌절되는 일이

생길 때면 병이 재발하곤 했다.

아무리 심각한 증상을 가진 환자라고 해도 마음은 계속 움직인다. 그래서 심리적인 것들의 중요성이 사라질 수는 없다. 이처럼 기괴해 보이는 증상 속에서도 환자의 심리와 내적 욕망, 고통 등에 대해 생각해볼 수 있다.

그의 증상은 본인에게 그 자체로 큰 고통이긴 했지만, 삶에서의 실패에 따른 좌절감과 무능감, 자존감 저하를 감싸 안는 기능을 제공하고 있었다. 즉 그는 망상 속에서 외계 종족이었고 인간이 아니었으므로, 지구에서 일어나는 일상의 일에서 실패하는 것은 어쩌면 당연했다.

이렇게 마음 안에서 생겨날 수 있는 갈등이나 욕망, 허용되기 어려운 생각이나 감정 등을 다른 형태로 바꾸어서 인지되도록 하는 장치가 있다. 바로 방어기제다. 방어기제는 각자의 고유한 성격을 형성하는 가장 중요한 심리적 기전 중의 하나다.

방어기제는 성장 과정에서 오랜 시간에 걸쳐 자신도 모르는 사이에 서서히 형성된다. 다른 장章들에서 약간씩 소개되긴 했지만, 이번 글에서는 대표적인 방어기제들에 대해 전반적으로 다루고자 한다. 애도의 과정은 여러 가지 측면에서 이해해볼 수 있는데, 그중 하나가 익숙한 집착으로부터 벗어나 덜 병적인 상태로 진입하는 것이다. 기존의 익숙한 패턴을 반복하게 만드는 대표적인 이유 중 하나가 바로 방어기제다. 따라서 방어기제에 대한 지식 없이 애도를 이해하는 것은 거의 불가능에 가깝다.

네 탓이야, 투사

한마디로 '남 탓'에 해당하는 방어기제다. 현실에서는 정치인들의 적나라한 이전투구에서 흔히 볼 수 있다. 상담실에서는 부부 문제에서 많이 접하게 된다.

"내 인생이 이렇게 꼬인 건 다 너 때문이야!"

하지만 '손뼉도 마주쳐야 소리가 난다'는 속담처럼 100퍼센트 어느 한쪽에만 문제가 있을 수는 없다. 심지어 끊임없이 외도하고 폭력을 행사하는 남편을 둔 경우조차 그런 사람을 선택하게 된 내면의 계기가 있을 것이다. 그 아내에게 책임을 묻거나 비난을 퍼부을 수는 없겠지만 남편의 문제와 별개로 자신 안의 어떤 부분이 삶을 힘들게 하는지 알아가는 것은 중요한 일이다.

남의 탓으로 돌리는 것이 정신건강에 도움이 될 때도 있지만, 매사를 남의 문제로 돌리다 보면 세상을 순탄하고 행복하게 살기는 어렵다. 그런데 이런 적나라한 남 탓과는 다른 경우가 있다.

I는 자존감이 낮고 평소 다른 사람들을 많이 의식했다. 어느

무리에 있든지, 사소한 일로도 다른 사람들이 자신을 싫어하지 않을까 노심초사하거나, 또는 자신을 싫어한다고 단정하는 경향이 강했다. 머리를 감지 않은 상태로 모자를 눌러쓰고 집 근처를 나갔다가 아는 사람이라도 만나면, 집에 돌아온 후에도 그 사람이 자신의 행색에 대해 어떻게 생각할지 곱씹곤 했다. 그리고 다른 사람의 말이나 행동 중에 평소와 다른 점이 느껴지면, 자신의 행색 때문에 상대가 자신을 좋지 않게 생각한다며 스스로를 책망했다.

이런 경우가 투사의 또 다른 대표적인 예다. 자신을 과도할 정도로 비판적으로 보는 것은 상대방이라기보다는 자기 마음속에 있는 타자다. 왜 그렇게 몰골이 더럽냐고 말하는 것은 실제로는 자신 안의 목소리인데, 이를 외부에 있는 존재에게 말 그대로 '투사'하는 것이다.

이때 당사자는 그 목소리가 자신 안에 있는 것이라고 느끼지 못한다. 정신분석 상담 과정에서 여러 방어기제가 변화를 겪는다. 특히 이러한 투사 현상이 자신 안에서 이루어지고 있음을 깨닫는 경우가 많다. 다시 말해 어디까지가 '안'의 문제이고, 어디서부터가 '밖'의 문제인지를 구분하는 작업이 매우 중요하다.

아군 아니면 적군, 분리

흑과 백, 선과 악의 이분법 세계에 사는 사람들이 있다. 이러한 흑백논리에 작용하는 방어기제가 '분리splitting'다. 세상은 복잡하다. 사람은 더 복잡하다. 한 사람 안에 여러 면이 공존할 수 있다. 한편으로 나에게 잘해주는 사람이 한편으로 얼마든지 비겁하게 행동할 수도 있다. 이러한 복잡성을 통합적으로 받아들이는 것은 쉽지 않은 일이다.

내 뒤통수를 친 어떤 이가 다른 누군가에게는 얼마든지 좋은 평을 받을 수도 있다는 사실은 받아들이기 어렵다. 인간과 세상의 복잡성과 다면성은 사람을 혼란스럽게 한다. 이 혼란감을 피해가는 가장 손쉬운 방법 중 하나는 흑과 백, 선과 악, 적군과 아군으로 나누어서 생각하는 것이다. 얼마나 명쾌한가.

분리라는 방어기제의 작동 결과로 나타나는 또 다른 흔한 예는 '내로남불'이다. 나의 로맨스와 남의 불륜을 물과 기름처럼 완전히 분리시켜서, 이로 인한 내적 갈등과 인지적 혼란감을 줄이는 것이다.

정신분석이 발전하면서 분리라는 개념은 상당히 중요한 역할을 해왔다. 프로이트는 인간의 심리 발달에서 아기의 자아가 엄마 또는 엄마의 젖과 명확히 구분되지 않는 생애 초기의 시기를 거론했다.

멜라니 클라인Melanie Klein이라는 정신분석가는 이 개념을 확장한다. 절대적인 의존 상태에 있는 미숙한 아기들은 자신들에게 충분한 젖을 제공하는 '좋은 젖'과 그렇지 않은 '나쁜 젖'을 구분한다. 그는 이러한 이분법적 경험이 발달 과정에서 중요한 역할을 한다고 봤다.

결국 성장하는 동안 '좋은 젖'과 '나쁜 젖'을 하나로 통합하는 과정이 필요하다. 이는 자신의 욕구를 무조건적으로 채워주는 '좋은 젖', '좋은 엄마'가 무조건 좋기만 한 존재가 아니라 나름의 한계가 있고, 욕구가 있는 개별적인 존재라는 사실을 깨닫는 것이다. 이 통합은 실망과 좌절의 과정일 수도 있다. 통합은 이상적인 것을 포기하는 상실과 슬픔을 통한 수용이다. 이 과정이 충분히 잘 진행되지 않으면, 흑백논리에 갇혀 살게 될 위험이 크다. 또한 상대방에 대해 이상화와 평가절하를 반복하게 된다. 이런 이들이 상담을 하면, 상담가에 대해서도 비슷한 패턴을 보인다. 상담가에 대한 이상화와 평가절하를 통합하고, 상담가를 현실적인 존재로 느끼며 바라보는 과정이 중요하다.

난 괜찮아, 합리화

·····························

앞서 조현병 환자 H는 심각한 신경 회로와 호르몬 문제가 있었다. 그래서 내용이 기괴하지만, 자신이 인간이 아닌 프로토스라는 생각은 자존감의 손상을 방어하는 일종의 합리화 rationalization 기제로 작동했다. 합리화의 전형적인 예는 이솝우화에 나오는 〈여우와 신포도〉 이야기다.

나무 높은 곳에 매달린 포도를 따 먹고 싶었던 여우가 결국 포기하면서 이렇게 말했다. '저 포도는 분명 맛이 너무 실 거야.' 그렇게 맛이 시다면 굳이 포도를 따려고 노력할 이유가 전혀 없다.

앞서 언급했던 G는 객관적인 능력에 비해 스스로를 보잘것없는 사람으로 생각했다. 그는 상당히 똑똑했고 대인 관계도 원만했으며, 적극적인 성격이었다. 그런데 인생의 고비마다 지레 포기하거나 적당한 정도에서 먼저 선을 그었다.

대학을 갈 때에도 비슷했다. 자신이 원했던 학교와 학과가 자신의 점수보다 높은 선에 있었다. 그의 불안은 '저 학교는 집에서 너무 멀고, 등록금도 비싼 데다, 저 전공은 지금 사양산업이야. 내 인생에 도움이 안 될 거야'라는 합리화를 만들어냈다.

대학 시절에 좋아하던 같은 과 여학생이 있었지만, 역시나 거절에 대한 두려움 때문에 '쟤는 말수가 너무 적어서 만약 사귀더라도 별로 재미도 없고, 내가 힘들 거야'라며 고백을 지레 포기했다. 자신이 진정 원하는 것을 절실하게 추구해본 적이 없다 보니 삶이 재미없고, 충만하게 느껴지는 순간들도 없었다.

참고 또 참기, 억압과 감정 고립

억압repression은 마음속의 불편한 생각, 느낌, 감정, 연상, 이미지, 기억 등을 눌러서 전혀 느끼지 못하거나, 기억하지 못하도록 만드는 방어기제다. 이는 프로이트가 말한 대표적인 방어기제 중 하나다.

억압이나 감정 고립isolation of affect은 대상이 되는 감정이나 사건, 연상 같은 것들로부터 당사자가 받을 수 있는 심리적 상처나 고통을 보호하려는 목적을 가지고 있다. 그리고 다른 방어기제와 마찬가지로 이 방어기제도 당사자에게 '방어'라는 느낌이나 인식을 주지 않는다.

억압으로 인해 기억이 나지 않는 사건이 있다면, 기억이 나는지, 안 나는지, 그 자체를 알 수 없다. 억압으로 인해 느끼지 못하는 감정이 있다면, 역시 어떤 것을 느끼는지, 느끼지 못하는지, 그 자체를 알기 어렵다. 우리가 의식에서 인지할 수 있는 것은 방어기제 자체가 아니라, 그 결과로 나타나는 어떤 행동 패턴이나 증상이다. 정신분석 상담을 진행하다 보면 오래 억압되어 있던 기억과 그에 관련된 감정이 불현듯 떠오르곤 한다.

감정 고립은 억압과 비슷하지만, 주로 감정이 사건이나 사실과 분리되어 억제된다는 점에서 억압과 다르다. 감정 고립은 강박증을 비롯해서 스스로에게 지나치게 엄격한 이들이 많이 사용하는 방어기제다. I는 어느 누구에게도 말하지 않은 강박 증상이 있었다. 계단을 오르거나 내려갈 때 항상 왼발로 시작해서 오른발로 끝나야 한다는 내적인 규칙이 그것이었다.

만약 계단이 홀수면 중간에 멈춰 서서 발의 순서를 바꾸거나, 두 계단을 한 번에 내딛으며 계단의 끝을 오른발에 늘 맞췄다. 이렇게 하지 않으면 무언가 좋지 않은 일이 일어날 것 같았기 때문이다. 머리로는 이러한 행동이 비이성적이라는 사실을 충분히 알고 있었다. 다소 불편해 보였지만, 본인에게는 워낙 오래 익숙해진 증상이라 이로 인한 고통은 없었다.

이러한 증상은 고등학교 1학년 때부터 시작되었다. 당시 성적인 환상이나 욕구가 급격히 늘어나면서, 그로 인한 심리적 고통을 피하기 위한 한 방편으로 시작된 것이었다. 정신분석에서 말하는 환상fantasy은 환청이나 환시 같은 환각과는 전혀 다르다. 마음속에 그려지거나 스쳐 지나가는 어떤 이미지나 생각들을 일컫는데, 몽상이나 백일몽 등이 전형적인 예들이다.

그는 자신의 마음속에 여러 성적 환상들이 있을 수 있다는 사실에 힘들어했고 수치스러워했다. 결국 이러한 증상은 행동만 남고 그와 연관되었던 성적인 환상과 감정들(죄책감이나 두려움)은 의식의 저편으로 사라졌던 것이다.

죄책감 뒤에 숨은 공격성, 반동 형성

반동 형성reaction formation은 '미운 놈 떡 하나 더 준다'라는 속담이 잘 설명해준다. 중년의 J는 이란성쌍둥이 자매 중 동생이었다. 어린 시절 부모의 사랑에서부터 시작해서 늘 언니에게 치이며 살았다. J는 평소에도 무척 예민했고, 사소한 일에 걱정이 많았다. 스트레스를 받으면 쉽게 우울해졌다.

그러던 어느 날 그녀는 심한 불안 증상과 환상이 생겼다. 최근 이른 완경을 겪은 언니가 자궁암에 걸려서 수술하는 장면이 머릿속에 계속 떠올라서 괴로웠다. 언니가 자궁암뿐만 아니라 다른 큰 병에 걸릴지도 모른다는 걱정과 불안을 떨쳐낼 수가 없었다.

상담 중에 그녀 자신보다 인생에서 훨씬 많은 것을 성취하고 성공한 삶을 사는 것처럼 보이는 언니에 대한 질시와 적개심이 드러났다. 그녀는 하나밖에 없는 쌍둥이 언니에 대해 따뜻함 외에도 얼마든지 질투와 적개심을 가질 수 있다는 사실을 스스로 용납하기 어려워했다.

그녀는 마음속에 생겨날 수 있는 일들과 실제 현실에서 일어날 수 있는 일들 사이의 심리적 경계에 대한 느낌이 부족했다. 이는 감당할 수 없는 과도한 죄책감으로 이어져서 마음속에 그 반대의 감정, 즉 언니에 대한 걱정이 커졌다. 이러한 반동 형성은 강박증에서도 매우 흔한 방어기제로 작용한다.

강박증에서 어떤 불편할 수 있는 감정(예를 들면 성적이거나 공격적인 욕구들)을 마음이 처리할 때, 감정 고립뿐만 아니라 반동 형성이 대개 같이 작용하는 것으로 알려져 있다. 특히 강박증에서 보이는 행동들은 이러한 반동 형성의 결과들이다.

욕하면서 닮아간다, 공격자와의 동일시

'욕하면서 닮는다'라는 말은 공격자와의 동일시identification with aggressor라는 방어기제에 딱 들어맞는다. 맞고 자란 아이가 때리는 아버지가 되는 데 관여하는 전형적인 방어기제다. 프로이트는 오이디푸스 콤플렉스 시기를 거치는 아이들이 동성 부모와의 경쟁에서 느끼는 불안감과 무력감을 해결하기 위한 심리적 방편으로, 동성 부모와 자신을 동일시하는 심리적 과정이 진행된다고 했다.

이러한 방어기제는 청소년 시기의 왕따 문제나 직장 내의 괴롭힘 같은 사건 등에서 힘의 균형이 쏠리는 쪽으로 사람들이 심리적으로 동화되는 현상을 설명한다. 그러한 문제적 상황에서 무조건 공격자와의 동일시라는 내면의 함정에 빠지지 않으려면, 자신이 진정 누구인지에 대한 확고한 자아정체성이 성립되어 있어야만 한다.

이 모든 것은 내 잘못이야, 자기에게로의 전환

자기에게로의 전환turning against the self은 자신이 프로토스이기 때문에 거세돼야 된다고 말하던 H의 방어기제 중 하나다. 이는 외부에 대한 공격성을 스스로에게 향하도록 만드는 것이다. H에게는 거세가 여기에 해당한다. 좌절과 상실을 겪을 때마다 H는 그에 따른 분노를 처리하기 어려웠다. 게다가 그의 분노는 대상이 명확하지 않았다. 이런 분명하지 않은 상황은 심리적으로 상당한 혼란감을 불러일으킨다.

자신을 탓하거나, 자신에게 공격성을 향하도록 하는 것은 그 자체로 고통스럽다. 하지만 어떤 면에서 이만큼 손쉽고 분명하고 확실한 것은 없다. K는 오래 사귀던 여자 친구와 자주 다투었다. 최근 들어 여자 친구에 대한 마음이 이전 같지 않아, 관계를 정리할까 고민하던 중이었다. 그러던 어느 날, 둘은 여행을 갔는데, 같이 술을 마시다가 다시 크게 싸웠다. 이후 K의 여자 친구가 밖으로 뛰쳐나갔다가 숙소에서 자살하는 사건이 발생했다.

너무 갑작스럽게 일어난 일이라 한동안 K는 자신이 어떤 감정인지 모른 채 그저 혼란스럽기만 했다. 다소 시간이 흐른 뒤 K는 심하게 우울해졌고, 자책감과 죄책감에서 벗어날 수 없었다. 여자 친구가 죽은 모든 이유를 자신이 제공한 것 같았기 때문이다.

자살 사건의 원인은 어느 하나로 특정할 수 없다. 게다가 자살은 그걸로 끝인 상황이고 죽은 사람을 깨워서 정확히 어떤 이유가 작용했는지 물어볼 수도 없다. 설사 죽은 사람에게 본인이 생각한 이유가 있다고 하더라도 그게 다일까. 이처럼 절대적인 사건 앞에 선 사람들은 그 '납득'되지 않음 때문에 극도로 혼란스러워한다.

이 혼란을 명쾌하게 해결해주는 설명 중 하나가 '내 탓'이다.

아이러니하지만 그만큼 상황에 대한 명쾌하고 단순한 설명도 없다. 그 설명이 맞든 그르든 간에 말이다. 큰 트라우마를 경험한 희생자들의 경우에도 자기에게로의 전환이라는 방어기제가 많이 작용하는 것으로 알려져 있다. '내가 그때 그러지만 않았어도'라고 계속해서 자책하고, 내부에서 원인을 찾으려고 애를 쓰는 것이다.

성숙한 방어기제, 승화

글자 그대로 내적인 공격성이나 성적 욕망 등을 승화sublimation 시키는 방어기제다. 방어기제 중에 가장 성숙한 방식의 기전이라 할 수 있다. 수많은 예술이나 문학 작품들은 이러한 승화의 결과물이라고 할 수 있다. 만족스러운 삶의 방식이나 직업적 성취 등에 있어서도 이러한 승화가 밑바탕이 되기도 한다.

정신분석에서는 공격적이거나 성적인 무의식적 욕망을 사회문화적으로 합당한 방식으로 추구하는 방어기제를 승화로 정의한다. 사춘기 시절 성폭력 피해를 경험했지만, 그 트라우마를 이겨내고 성교육 강사로 유명해진 모 인사가 대표적인 예일 것이다. 《채털리 부인의 사랑》을 쓴 D. H. 로런스도 자기 내면에 깊이 숨겨진 성적 충동이나 근친상간적 충동을 작품을 통해 승화시켰다.

좋은 농담이나 유머도 승화의 한 예에 해당하는데, 내용을 잘 살펴보면 대개는 공격적이거나 성적인 측면이 깃들어 있을 때가 많다. 신문의 만평도 승화의 범주에 들어간다. 언젠가 인상적인 만화를 본 적이 있다. 시험공부에 시달린 수험생이 시험을 마치자마자, 그의 이마가 열리고 책이 쏟아져 나오는 그림이었다(실제로 이마가 열린다면 얼마나 공포스러울 것인가! 하지만 짧은 만화는 그저 발랄한 재기로 웃음을 선사한다).

비행청소년이었던 이가 어느 날 마음을 다잡고 삶에 대해 다시 생각하고 상담을 전공해서 청소년들의 아픔을 돌보는 상담사가 되는 경우가 승화의 한 예에 해당할 것이다. 남 앞에 나서기를 끔찍이 싫어하던 이가 리더십 강사로 활발히 활동하는 경우도 승화의 한 예라 볼 수 있다.

예술이나 문학, 농담처럼 현실과의 경계가 모호한 상황이 종종 발생하기도 한다. 외설 시비가 발생하거나, 잘못된 농담이 상대방의 기분을 오히려 상하게 하고 심리적인 또는 성적인 측면에서 경계를 넘어가는 경우들이 그 예일 것이다.

일반적으로 투사나 분리 같은 방어기제는 미성숙하고, 억압이나 합리화는 상대적으로 성숙한 방어기제에 속한다. 한 사람에게서 한 가지의 특정한 방어기제만 나타나는 것은 아니다. 거의 모든 종류의 방어기제가 인격의 통합 정도에 따라 뒤섞여서 작용하게 된다.

다만 심리적으로 성숙한 사람들에게 성숙한 방어기제가 좀더 많이 나타나는 게 다를 뿐이다. 투사 같은 방어기제는 미성숙한 기제로 분류되지만, 상황에 따라서는 오히려 건강한 역할을 할 때도 있다. 내면을 성찰하는 과정에서 자신의 마음속에서 어떤 종류의 방어기제가 많이 이용되고 있는지 살펴보는 것은 매우 중요하다. 애도 과정이 진행된다는 것은 내 삶이 바뀐다는 말이고, 이는 내 내면의 갈등을 처리하는 방어기제들의 양상이 바뀐다는 의미이기 때문이다.

우리는 무엇을 잃어버렸을까

작품 자체로도 유명하지만, '브루스 윌리스가 유령이야!'라는 스포일러 역시 못지않게 유명한 영화 〈식스 센스〉. 이 영화의 주인공인 맬컴 크로우는 아동 심리 상담사다. 뛰어난 업적을 인정받아 필라델피아 시장으로부터 큰 상을 수여받은 날, 오래전의 상담 실패 후 원한을 품고 찾아온 환자 빈센트에게 살해된다. 하지만 그는 자신이 유령이 된 줄도 모르고 어린 빈센트와 비슷한 상황에 처한 소년 콜을 찾아가 상담을 시작한다. 그는 콜이 유령들을 보고, 유령들과 대화하는 증상을 겪고 있다는 것을 알게 된다.

유령이 주인공이라는 면에서 이 영화는 판타지 호러 장르라고 볼 수도 있겠지만, 나는 이 유령들이 우리 마음속 깊은 곳(무의식)에 있는 제대로 애도되지 못한 상실의 대상들을 상징한다고 생각한다. 주인공의 직업이 심리 상담사라는 것도 그렇지만, 이 영화가 우리 무의식에 대한 탐색임을 콜의 라틴어 기도문을 통해서도 암시해주고 있다. 불안하지만 간절하게 외는 그의 기도문의 내용은 이렇다. "오, 주여, 심연으로부터 당신께 부르짖습니다Out of the depths, I cry to you, O Lord." 여기에서 심연depths은 인간의 깊은 마음, 즉 무의식에 다름 아니다. 애도되지 않은 마음이 유령을 만들어내는 현상은 다음의 예처럼 실제 임상 현장에서 종종 마주하게 된다.

L은 60대 초반의 사업가였다. 늦은 나이에 귀한 외아들을 얻었지만, 늘 속마음으로만 아끼고 응원할 뿐, 아들이 성장하는 동안 아버지로서 한 번도 따뜻함을 겉으로 보여준 적은 없었다. 그러던 어느 날 아들이 출근길에 갑자기 교통사고를 당하고 그 자리에서 즉사하는 비극이 일어났다. 형언할 수 없는 고통과 슬픔이 밀려왔다. 어떤 말이나 어떤 위로로도 그의 비탄을 달랠 수 없었다. 아들이 세상을 떠난 지 수년이 지났지만, 모든 유품은 아들이 떠나던 순간의 상태 그대로 놓여 있었다. 매일 한 번씩 아들의 방문을 열 때마다 순간적으로 안에 아들이 있을 것 같은 느낌을 받았다. 아들의 부재를 확인하는 순간, 그는 아

들 방에서 한참을 울다 나오곤 했다. 그는 '머리'로는 아들이 오래전에 죽었다는 것을 알고 있었지만, 감정적으로나 마음에서는 아들이 죽었다는 것, 자신이 그토록 큰 상실을 겪었다는 것을 전혀 받아들이지 못하고 있었다. 아들을 잃었다는 사실에 대한 애도 반응이 전혀 일어나지 않았던 것이다. 이렇게 애도되지 않은 상실은 트라우마가 되고, 트라우마는 아들을 유령 또는 일종의 심리적 미라로 만드는 결과를 가져왔다. 정도 차이는 있을 수 있겠으나, 일상에서 이러한 심리적 '미라화mummification'는 상당히 흔하다.

맬컴이나 L의 아들의 경우나 핵심은 그리 다르지 않다고 본다. 유령들이 구천을 떠도는 것이 아니라, 애도되지 않은 맬컴의 아내 안나나 L의 고통스러운 마음들이 이러한 유령들을 만들어, 자신의 주위를 떠나지 못하게 한다. 부재를 부재로 인식되게 만드는 것이 애도의 과정이다. 애도되지 못한 부재는 현전하여 과거로 사라지지 않고 지금, 여기에 오래 서성인다.

상실을 떠나보내지 못하고 간직하는 사람들

프로이트의 〈애도와 우울증〉은 우리 삶에 대한 근원적인 통찰과 시적인 분위기로 가득 차 있는 기념비적인 논문이다. 그는 상실 후에 애도 과정이 잘 진행되는 경우와 심한 우울증으로 이어지는 이들 간의 중요한 차이에 대해 의문을 갖는다. 프로이트는 우울증 환자들의 중요한 내면적 특성을 이렇게 기술한다.

'우울증 환자는 누구를 잃었는지 알고 있지만, 자신 안에서 무엇을 잃었는지는 모르고 있다.'

콜이 맬컴에게 던지는 말 역시 이와 궤를 같이한다. "죽은 사람들이 보여요. 그들은 보고 싶은 것만 봐요. 자기들이 죽었다는 것을 몰라요."

우울증 약을 끊지 못하고, 맬컴의 반지를 계속 몸에 지니고 있는가 하면 결혼식 때 찍은 비디오를 되풀이해서 보고 있는 안나 아들이 죽었음에도 이를 심리적으로 전혀 받아들이지 못하고 있는 L 모두에게 콜의 말을 약간 바꾸어서 그대로 적용할 수 있다. "그들은 보고 싶은 것만 봐요. '맬컴이나 아들'이 죽었다는 것을 몰라요"라고 말이다. 그들은 모두 '머리'로는 그 대상들이 사라졌다는 것을 알고 있다(즉 누구를 잃었는지를 안다). 그러나 이들의 무의식 속에는 맬컴이나 아들이 여전히 살아 있다(무엇을 잃었는지 모르거나 부정한다).

프로이트는 애도가 정상적으로 진행되는 경우와 달리, 우울증 환자의 경우 스스로에 대한 공격성이 높고 자존감 저하가 심하다는 것에 주의를 기울였는데 이는 자신과 상실한 대상과의 동일시 때문이라고 생각했다. 같은 논문에 프로이트는 이렇게 썼다. '대상의 그림자가 주체 위로 쏟아져 드리운다.'

이러한 대상과의 동일시를 통해 상실의 주체는 자신의 내면에 대상을 그대로 간직함으로써 그 대상을 잃어버리지 않게 된다. 그리고 이제 스스로를 공격하고 비난함으로써 자신을 떠난 대상을 공격할 수 있게 된다. 따라서 프로이트는 상실을 경험한 우울증 환자들의 자기 비난의 이면에는 결국 대상에 대한 비난이 있다고 생각했다. 물론 이 과정은 인간의 무의식 속에 억압되어 일어나기 때문에 대상과 자신이 동일시되었는지, 자신이 대상을 비난하고 있는지 의식적으로 느끼거나 알 수는 없다. 대상과의 동일시나 인지되지 않는 대상에 대한 공격이라는 프로이트의 설명이 많은 이들에게 다소 추상적으로 느껴질 수도 있겠다.

만성 우울증을 앓던 한 여성은 엄마로부터의 심리적인 독립이나 분리에 어려움을 겪었다. 엄마가 말하면 거역하지 못했다. 그러나 엄마가 자신을 서운하게 하면 과도할 정도로 실망했고, 이는 곧 극심한 분노와 자해로 이어졌다. 대상의 상실은 앞서의 경우들처럼 실제적인 사별이나 이별 등에만 국한되지 않는다. 대상에 대한 이상화된 이미지가 깨지는 일상의 실망스러운 순간들에도 상실은 발생한다. 자해는 표면적으로는 자신에 대한 공격이지만, 내용적으로는 자신을 실망시킨 엄마에 대한 공격이라고 생각하는 것이 자연스럽다. 좀더 간단한 예로는 아빠한테 심한 꾸지람을 듣고 방에 들어와 벽을 주먹으로 심하게 치는 사춘기 소년의 경우를 생각해볼 수 있다. 역시 표면적으로는 자해 행동이지만, 자신의 내면에 있는 아빠에 대한 공격이라 생각해도 무리가 없다.

상실 자체를 받아들이지 못하는 사람들

"사랑은 돌아오는 거야"라는 모 드라마 속 외침은 현실에서도 과연 유효한 것일까. 떠나지 않고 계속 돌아오거나, 돌아오려고 애쓰거나, 주위를 맴도는 사랑이 과연 진정한 사랑인 것일까. 이에 대한 탐구를 시도한 대표적인 작품이 바로 앞서 언급했던 피츠제럴드의 《위대한 개츠비》다. 이 작품은 가혹한 자아 이상만이 아니라 상실과 조증의 측면에서도 바라볼 수 있다. 개츠비는 중서부의 부잣집에서 태어났고, 가족들은 모두 죽었고, 옥스퍼드에서 정규교육을 받았다는 등의 거짓말을 천연덕스럽게 늘어놓을 뿐만 아니라 마피아 대부와 손잡고 밀주 판매를 비롯한 여러 불법적인 일들을 통해 부를 축적한 '소시오패스'적인 인물이다. 개츠비는 오로지 데이지와의 조우만을 위해 이렇게 물불 가리지 않고 성공을 향해 달려왔다. 개츠비에게 데이지는 모든 이상적인 것들의 총체요, 화신이다. 개츠비의 계획은 데이지 부부를 이혼시키고, 데이지와 결혼하는 것이다. 지나간 일을 돌이킬 수는 없다고, 닉 캐러웨이는 말한다. 그러나 개츠비는 닉의 말을 납득할 수 없다. 모든 것을 5년 전 첫사랑의 시간으로 되돌릴 수 있다고 믿는다. 개츠비의 생각은 너무 '순수'해서 망상에 가까워 보일 정도다. 그의 마음의 어떤 부분이 지나간 몇 년간의 시간과 변화를 철저히 부정하게 만들었을까.

개츠비는 데이지가 자신을 떠났다는 사실을 머리로는 알고 있지만, 심리적으로는 이 상실에 눈이 먼 상태다. 이러한 눈멂은 사람들이 큰 트라우마 사건을 당했을 때 처음 나타내는 반응인 '부정denial'에 해당한다. '그럴 리가 없어' 같은 반응이 대표적인 예다. 개츠비는 이러한 반응에서 한 발짝도 나가지 못하고 있다. 동시에 자아상의 비대성과 자신의 힘과 능력치에 대한 전지전능에 가까운 환상을 보이고 있다. 이는 일종의 '조증 방어manic defense'에 해당한다.

조증 방어는 행복감과는 거리가 멀다. 정반대에 가깝다. 내적인 고통이나 상실로 인한 좌절감과 무력감, 황량하고 허망한 내면을 받아들이고 싶지 않은 무의식적 마음으로 인해 언제 터질지 모르는 거품이나 풍선 같은 것들이 생긴 것이다.《위대한 개츠비》의 등장인물들이 퇴폐적인 파티를 반복하는 것도 결국 이들 내면의 황폐함을 보지 못하도록 하는 조증 방어의 차원과 일맥상통한다.

개츠비의 자아도취적 환상과 조증 방어는 현실을 제대로 파악하지 못하게 만들고, 떠나야 할 때 떠나지 못하게 함으로써 스스로를 파멸시키는 결과를 가져온다. 애도되지 않은 우울증 환자가 잃어버린 대상을 동일시하여 자신 안으로 대상을 함입하고 간직하는 것과는 약간 다르게, 조증 방어는 잃어버린 대상을 동일시하기는커녕 자신과 세상에 어떤 일이 벌어졌는지를 파악하는 일조차 인정하지 않는다. 조증 방어는 바로 이러한 방식으로 상실에 대응한다. 표면적으로는 우울증과 조증이 정반대처럼 보이지만, 상실을 상실로 받아들이지 않도록 하는 기제라는 측면에서는 결국 대동소이하다.

애도되지 않은 상실 속에서 멈춘 시간들

일본 애니메이션 〈시간을 달리는 소녀〉의 주인공 여학생 마코토는 우연히 타임리프라고 하는 능력을 가지게 된다. 그녀는 원하는 과거의 시간대로 돌아가 다시 삶을 살게 된다. 처음에는 학교생활도 더 잘하게 되고, 실수도 많이 줄었다. 그러다 '남사친'으로 남겨두고 싶었던 치아키가 고백을 하게 되면서 일이 꼬이기 시작한다. 현재와 과거를 계속 오가다 결국 자신이 당할 뻔한 기차 사고를 친구인 고스케가 당하는 일까지 발생한다(이 애니메이션의 시작을 잘 들여다보면 이미 마코토가 기차에 치여 죽은 것으로 암시되어 있다).

이 애니메이션 말고도 타임머신이나 타임리프와 관련된 많은 소설이나 영화들은 상실과 트라우마, 그리고 애도와 관련해서 인간의 마음속에 시간의 문제가 얼마나 중요하게 자리 잡고 있는지를 시사한다. 우리가 사는 세계에서 시간만큼 절대적인 것은 없다. 시간을 온전히 지배할 수 있다면, 그는 세계와 운명의 주인일 수밖에 없고, 상실과 트라우마로부터 자유로울 수 있을 것이다. 그런 면에서 상실과 트라우마, 애도를 다루는 많은 작품들에서 시간이나 시계 등이 많이 등장하는 것은 당연한 일인지도 모른다. 애도되지 않은 상실을 경험한 이들의 마음속 시계는 멈춘다.

이러한 현상은 일상에서도 흔히 관찰된다. 예를 들어 요즘 유행하는 소위 '꼰대 라떼', '라떼(나 때)는 말이야'라는 말들은 '꼰대'들의 심리에 제대로 진행되지 않은 애도와 마음속 시계가 멈춰 있음(과거의 특정 시점에 고착)을 정확히 지적하고 있다.

영화 〈봄날은 간다〉는 사라짐과 상실이라는 측면에서 볼 수
도 있다. 등장인물들은 모두 홀로 된 사람들이다. 상우의 할머니
가 언제 남편과 사별했는지는 영화에 나오지 않지만, 남편의 죽
음 이전에 이미 큰 상실의 트라우마가 있다. 남편의 외도가 그
것이다. 외도 상대가 찾아와서 사과하는 장면으로 보아 가벼운
수준은 아니었던 것 같다. 그 때문이었을까. 치매를 앓고 있는
할머니는 낡은 사진첩에서 젊을 때의 남편 모습을 보고는 바로
알아본다. "우리 신랑이지." 그러고 나서 나이 든 남편의 사진을
보고는 "누구냐 이 늙은이는"이라고 반응하면서 액자를 밀쳐 던
진다. 애도되지 않은 상실과 트라우마로 인해 할머니의 마음속
시계는 50년 또는 60여 년을 그대로 죽은 채 멈춰있는 것이다.

또 하루가 멀어지고 매일 이별하며 살고 있다는 김광석의 노
래 〈서른 즈음에〉도 상실과 관련된 문제의 핵심을 찌르고 있다.
김광석의 노랫말대로 인생은 매일매일이 상실의 연속이다. 다
시 말해 매 순간이 애도다. 지금까지 기술한 애도의 특성을 보

면, 충분한 애도의 과정은 현재 속에 여전히 살아 있는 과거를 과거로 흘려보내고, 현전하는 부재의 대상을 부재로 떠나보내는 과정이다. 그리고 프로이트는 이를 통해 부재의 대상을 대상으로 기억하고 추모함과 동시에, 대상에 대한 사랑과 미움이라는 상반된 감정을 충분히 통합하여 있는 그대로 받아들이는 것이 애도의 과정이라 했다. 그렇다면 대체 어떻게 수많은 상실을 애도하고 트라우마로부터 우리 삶을 건져낼 수 있을 것인가.

무의식의 목소리를 들어라

주위를 맴도는 유령들 때문에 고통스러운 콜에게 맬컴이 말한다. "그들을 사라지게 하는 방법을 알 것 같다. 그들에게 귀를 기울여줘."

얼마나 정신분석적인 대화인가. 실제 임상 정신분석의 9할은 내담자의 무의식으로부터 올라오는 소리와 신호들에 귀를 기울이는 것이다. 어떻게 귀를 기울이는가 하는 것이 정신분석가로서의 수련 과정 대부분을 차지한다고 나는 생각한다.

　이제 콜은 유령들 때문에 공포에 질리지 않는다. 그들의 서사에 귀를 기울인다. 동시에 유령들에게 입을 빌려준다. 그들이 말하고 싶은 바가 무엇인지를 절대 알 수 없는 보통 사람들과 유령들 사이에서 영매靈媒, 다시 말해 일종의 통역사 역할을 하는 것이다. 콜은 새엄마에게 독살당한 소녀나 억울하게 형장의 이슬로 사라졌지만 아무도 기억하지 않는 죽음들의 사연을 듣는다. 나아가 돌아가신 외할머니와 엄마 사이의 오해로 인해 생긴, 영원히 해결되지 않을 것 같던 엄마의 상처를 치유해주기도 한다. 흥미롭게도 학교가 있던 터에 전에 무엇이 있었는가에 대한 물음에 담임선생님은 법원이 있었다고 말한다. 콜은 사람들이 억울하게 끌려와서 죽어나갔다고 대답한다. 담임선생님은 불편한 역사를 지워버린 제도권을 대변하는 입장이라고 생각해볼 수 있다. 콜은 그 이면에 억압된 구체적인 개별자들의 서사를 복원한다.

이런 면에서 콜은 임상 현장에서 내담자의 무의식에 귀와 입을 빌려줘 무의식 속에 억압되어 현전하고 있는 상실과 상처, 트라우마들로부터 자유로워질 수 있는 방법을 내담자와 함께 도모하는 정신분석 상담가를 연상시킨다. 특히 이 영화의 절정은 콜이 맬컴의 애도 과정을 돕는 장면이다. 맬컴은 늘 일이 우선이어서 자신이 아내를 얼마나 사랑하는지조차 말하지 못하고 죽었다. 콜이 맬컴에게 말한다. "그녀와 얘기할 수 있는 방법이 있어요. 잠들 때까지 기다려보세요. 그러면 그녀는 아저씨 말을 들을 수 있을 거예요." 상당히 흥미로운 점은 유령인 맬컴이 아내와 소통할 수 있는 때가 잠의 시간대라는 것이다. 여기서 콜이 말하는 방법이란 꿈이라는 것이 내 생각이다. 일찍이 프로이트는 '꿈은 무의식으로 가는 왕도'라는 말을 남겼다. 물론 현대 정신분석에서도 꿈은 중요하게 다루어지지만, 프로이트가 이런 말을 남겼을 때만큼 특별한 의미를 가지고 있지는 않다. 다만 정신분석적 입장에서 볼 때 여전히 꿈은 무의식이 반영되는 중요한 현상 중 하나다. 콜의 조언대로 맬컴은 잠든 아내와 대화를 할 수 있게 된다.

아내가 묻는다. "왜 나를 버리고 떠난 거죠?"

여기서 우리는 애도 과정이 진행되지 않은 이들의 마음의 태도에 대해 다시 한번 생각해볼 수 있다. 여기서 우리는 앞서의 문장 '우울증 환자는 누구를 잃었는지 알고 있지만, 자신 안에서 무엇을 잃었는지는 모르고 있다'를 상기하게 된다. 아내는 맬컴이 총을 맞을 때 현장에 있었다. 따라서 이 질문은 맬컴이 왜 죽었는지 사실을 묻는 것이 아니다. 아내의 질문은 벌어진 사실을 납득하기 어려워하는 사람의 심리적 질문이며, 전지전능하지 않은 인간의 한계에 대한 실존적인 질문일 수밖에 없다. 애도되지 않은 상실이나 트라우마의 늪에서 벗어나지 못하고 있는 이들의 마음속에서 일어나는 대표적인 현상 중 하나는 '왜?'라는, 충분히 납득할 수 있는 대답을 결코 얻기 어려워 보이는 질문들이 끊임없이 생겨난다는 것이다. 애도 과정은 어디까지가 우리가 답하고 받아들일 수 있는 질문인지, 어디서부터가 인간으로서는 불가능한 질문인지를 구분하고 후자를 포기함과 동시에 인간의 한계를 받아들이는 과정이라고도 볼 수 있다.

맬컴과의 대화 도중 잠든 아내는 쥐고 있던 반지를 떨어뜨린다. 그리고 맬컴은 진실을 알게 된다. 이는 맬컴에게 뼈아픈 진실이다. 하지만 이 진실을 직면하고 받아들이는 순간 떠날 준비를 하고, 죽기 전에 아내에게 남기지 못했던 마지막 말을 전할 수 있게 된다. "당신은 내게 언제나 첫 번째였어. 사랑해." 아내가 반지(이 반지는 작은 족쇄처럼 보인다)를 떨어뜨리는 것은 오랫동안 자신을 옭아매던 마음의 속박으로부터 자유로워지는 것을 상징한다.

애도와 예술

정신분석 상담가가 자신의 의식과 무의식의 소통 창구를 총동원해서 내담자의 의식과 무의식 간의 연결을 일상 언어로 이어주는 것과 비슷하게, 예술가들은 장르에 따른 각자의 언어를 이용하여 이러한 통역 기능을 수행한다. 이런 면에서 모든 예술은 예술가 자신의 상실과 트라우마를 애도하려는 개인성과 고유성을 지닐 수밖에 없고 또 그래야 한다. 동시에 좋은 예술 작품은 보는 이들의 무의식에서 무언가를 건드리고, 애도되지 않은 상처가 조금이라도 애도될 수 있도록 도와주는 보편성을 지니게 된다. 이런 면에서, '시작詩作은 머리로 하는 것이 아니고 심장으로 하는 것도 아니고 몸으로 하는 것이다. 온몸으로 밀고 나가는 것이다. 정확하게 말하자면, 온몸으로 동시에 밀고 나가는 것이다'라고 했던 50여 년 전 김수영의 외침은 여전히 울림이 크다.

대단히 독특한 초현실주의적 작품들을 많이 남긴 르네 마그리트는 13세 무렵 어머니가 강물에 몸을 던져 자살하는 비극을 겪었다. 예술 작품이 전적으로 자전적 요소로만 환원되지는 않지만, 민감한 사춘기 소년에게 일어난 이 비극적 사건이 얼마나 엄청난 것이었을지는 그의 작품들을 통해 조금은 엿볼 수 있다. 얼굴들이 베일에 가려진 채 키스를 하는 연인들. 기표와 기의 사이의 균열을 드러냄으로써 인간 인식의 한계와 세계의 궁극적 불가해성을 고통스럽게 환기시키는 파이프 그림. 현실과 환상의 경계를 지우는 그로테스크한 많은 그림들은 그가 자신의 트라우마를 극복하고 상실을 애도하기 위해 얼마나 많은 노력과 에너지를 쏟았는지를 생각하게 한다.

많은 작품들을 보면 흥미롭게도 어떤 특정한 주제가 계속 변주되는 것을 종종 볼 수 있는데, 대체로 작가나 예술가들의 트라우마와 직간접적으로 관련되는 경우가 많다. 이는 소위 '심리적 재경험'이라는 현상과 관련이 깊을 것으로 생각된다. 상실이나 트라우마를 당하는 주체로서는 그러한 순간들이 심한 무력감과 한계를 상기시키는 경험들일 수밖에 없다. 심리적 재경험은 수동적으로 당할 수밖에 없었던 트라우마를 극복하기 위해 당시의 상황을 심리적으로 재현하면서 능동적인 조절감과 극복감을 얻기 위해 발생한다. 우리가 어떤 큰일을 당하고 난 후에 당시 상황을 떠올리면서 '그때 이랬어야 하는데'라고 일종의 심리적 복기를 하는 것이 심리적 재경험의 흔한 예 중 하나다. 마 그리트의 경우도 마찬가지지만, 찰스 디킨스의 《위대한 유산》 역시 작품을 통해 작가가 어떻게 심리적 재경험을 하고, 이를 적극적으로 트라우마 극복에 이용하는가를 잘 보여준다.

누나 부부에게 양육되던 어린 고아 핍은 누나 역시 잃고, 매형인 조와 함께 살아가게 된다. 그러던 중 익명의 후원자의 도움을 받아 런던으로 가게 되고 신사로 성장해간다. 애초에 그 후견인이 미스 해비샴일 것이라는 추측을 깨고, 오래전에 자신이 도움을 주었던 탈옥수 매그위치라는 것을 알게 된다. 매그위치와 핍의 조우 장면은 대략 다음과 같다. "그래, 핍, 내가 너를 신사로 만들었지. … 이봐 핍, 난 네 제2의 아버지야. 너는 내 아들, 아니 그 이상이야."

찰스 디킨스의 아버지는 영국 해군의 군무원으로 일하면서 상당한 월급을 받았지만 사치와 낭비가 심해서 가족들은 늘 궁핍했고, 급기야 아버지는 채무 관계로 인해 감옥에까지 가게 되었다고 한다. 우상이 되어야 할 아버지가 범죄자가 되어 감옥에 갇힌 사건은 어린 찰스 디킨스에게 그야말로 일생일대의 충격적인 사건이 아니었을까. 매그위치가 자신의 진짜 후원자였음을 알게 되는 충격적인 장면을 감옥에 갇힌 아버지를 만나는 어린 찰스의 마음과 오버랩해서 생각하는 것은 자연스럽다. 핍은 왜곡된 욕구이긴 했지만, 자신을 신사로 키우고 싶어 하던 매그위치를 이해하게 되고, 그가 사형 선고를 받은 이후에도 끝까지 그를 버리지 않는다. 동시에 가난하고 배우지 못했지만 성실하고 따뜻한 매형 조와 같은 이들의 자질이 진정한 신사의 품성이라는 것을 이해하게 된다. 작가의 상실(이상적인 아버지를 상실한 것)과 트라우마를 작품 속에서 재경험하면서 상처를 애도하고 승화시키게 된 것이다.

예술 작품이 갖는 특징들 중 대표적인 것이 상징화symbolization다. 이러한 상징화를 통해 우리 안에 '잃어버린 것'을 외부로 표현하는데, 이 외부적인 상징은 다소 역설적인 두 가지 기능을 가지고 있다. 하나는 이를 통해 그 상실을 애도하도록 돕는다는 것이다. 대상이 이 세계에서 사라졌어도 그를 상징하는 무언가가 여전히 이 세상에 남아 있다는 것, 이것만큼 상실의 아픔을 위로할 수 있는 것이 또 있을까. 반대로 이 외부의 상징은 우리가 무엇인가를 잃어버렸다는 것을 분명히 직면시킨다. 상실을 애도하고 대상을 기억하는 이러한 방식에는 비단 예술만 포함되지는 않을 것이다. 무덤과 성묘, 제사, 기념일 등 이 모든 것들이 다 해당된다. 다만 예술은 예술가 자신의 가장 고통스러운 개인성을 상징을 통해 보편화시키고, 보편화된 상징물은 다른 상처받은 개인들의 고유한 상실과 트라우마를 위로하는 기능을 갖는다. 어떤 특정 예술 작품에 큰 감동을 받고, 나와 작품, 작가, 그리고 세계가 하나로 이어지는 경험을 할 때, 우리의 무의식 속에서는 적절한 귀와 입을 갖지 못해 애도되지 못한 어떤 것이 작품을 통해 의식과 일부 연결되는 것이다.

그렇다고 모든 것이 다 해결되고 해석되는 것 같은 상태가 애도의 완결은 아니다. 애도는 어쩌면 끊임없이, 오랫동안 우리가 해나가야 하는 어떤 과정일 수도 있다. 게다가 어떤 상실은 영원히 해석되지 않는 면을 갖는 경우도 많다. 안나처럼 '왜 나를 떠났나요?'라는 질문에 그 누가 명쾌하고도 충분한 답을 줄 수 있다는 말인가. 평론가 신형철의 말대로 어떤 뒷모습은 끝내 해석되지 않을 수도 있는 법이다. 그리고 진정한 애도는, 해석되지 않는 뒷모습을 해석되지 않은 그대로 흘려보내고 받아들이는 것일 수도 있다.

상실은 때로 아프다. 그리고 슬프다. 하지만 상실을 직면하고 충분히 슬퍼함을 통해 우리는 스스로를 구속하는 족쇄로부터 자유로울 수 있게 될 것이다. 〈식스 센스〉의 전언은 분명하다. 진실을 부정하는 동안 우리는 계속 유령에게 시달릴 것이라는 것. '진리가 너희를 자유롭게 할 것이다'라는 잠언은 비단 신비롭고 영적인 구원에만 해당되는 것이 분명 아닐 것이다.

맬컴과 헤어져야 하는 순간이 오자, 콜이 말한다. "내일 만날

것처럼 인사해도 되죠?" 충분히 애도된 상실은 그런 것이 아닐
까 한다. 슬프고 안타깝다. 그래서 무겁지만 그렇다고 마냥 무겁
지만은 않다. 내일 만날 것처럼, 약간의 가벼움이 깃든 슬픔이라
고 믿는다. 미당이 이렇게 노래했듯이.

섭섭하게,
그러나
아조 섭섭치는 말고
좀 섭섭한 듯만 하게,

이별이게,
그러나
아주 영 이별은 말고
어디 내생에서라도
다시 만나기로 하는 이별이게,

연꽃

만나러 가는

바람 아니라

만나고 가는 바람같이…

엊그제

만나고 가는 바람 아니라

한두 철 전

만나고 가는 바람같이…

— 서정주, 〈연꽃 만나고 가는 바람같이〉

* 이 글은 2021년 대전시립미술관 특별전 〈상실, 나에게 일어난 모든 일〉의 도록에
실렸다. 대전시립미술관 측의 양해를 구했다.

···················

3장

오직
나를 위해 울 것

···················

잃어버린 시간과 사람들은

과거의 편린들이 아니다.

그것들과 함께하지 않았더라면

현재의 나도 존재하지 않았을 것이기에,

너무나 소중하다.

상실이 우리를 통과할 때 부서지거나 무너지지 않기 위해

우리는 마음껏 울고 슬퍼할 필요가 있다.

공허한 내면을 채우는 법

내재화

'감정을 잘 느끼지 못하는 문제' 때문에 고민하는 30대 초반의 남성 A가 있었다. 그는 기쁨, 슬픔, 행복감, 분노 등 거의 모든 감정을 느끼지 못했다. 특히 그를 당혹스럽게 만든 것은 슬픔을 잘 느끼지 못한다는 사실이었다.

그는 그와 사이가 좋았던 형을 몇 년 전 교통사고로 잃었다. 형의 갑작스러운 죽음에도 그는 이상하리만치 슬픔을 느끼지 못했다. 장례식에서도, 이후 형의 기일에도 눈물 한 방울 흐른 적이 없었다. 본인도 이상하다 싶을 정도였다. 그는 자신이 소위 '사이코패스'가 아닌지 두렵기까지 했다. 거기에 더해 형의 죽음 이후에 이전부터 있었던 강박 증상이 더 심해졌다. 상담을 받게 된 계기도 심해진 강박 증상으로 인해 생활이 많이 불편해진 탓이었다.

그러던 어느 날, 꿈을 꾸었다. 꿈속에서 그는 어린아이였고, 놀이터에서 혼자 놀고 있었다. 그의 형은 같이 놀지 않고 저 멀리 가만히 서 있었다. 어린 A는 형이 같이 놀아주지 않는다며 울음을 터트렸고, 어느 순간 울음이 너무 커지는 바람에 잠에서 깼다.

감정이 사라질 때 나도 사라진다

삶이 너무 괴롭고 힘들면, 슬퍼진다. 이 감정은 나약함과 무기력함의 상징으로 여겨지지만, 가장 인간다운 감정이기도 하다. 기쁨을 함께 나누지 못하는 사람에 대해서 우리는 별말을 하지 않는다. 그러나 슬픈 상황에서 슬픔을 느끼지 못하는 사람에 대해서는 '비인간적'이라고 표현하기도 한다.

고대 그리스 비극의 핵심이라 할 수 있는 '카타르시스'는 슬픔을 통해 정화되는 것을 의미한다. 게다가 슬픔은 다른 감정들을 진정시키는 효과도 있다. 슬픔의 효용은 너무나 강력하지만, 우리는 여전히 슬픔을 제대로 표현하지 못한다. 안타깝게도 슬픔을 제대로 표현하지 못하면 다른 감정도 선명하게 느낄 수 없다.

한국에 소개된 레이먼드 카버의 단편집 《대성당》이 있다. 레이먼드 카버의 글에는 상실로 고통받거나 어딘가 결핍된 인물들이 등장한다. 그것은 정신질환으로 드러나거나, 신체적인 장애로 나타난다. 때로는 상실로 인해 고통을 겪는 사람들도 나온다. 단편집의 제목이자 표제작이기도 한 〈대성당〉은 누군가를 이해한다는 것의 어려움과 함께 타인을 이해할 때 벌어지는 내면의 변화를 담담한 언어로 표현했다. 그러나 다른 측면에서 이 소설은 감정을 잘 느끼지 못하는 사람이 어떤 문제를 겪는지를 잘 보여주기도 한다.

아이 없이 아내와 사는 주인공 '나'의 집에 어느 날 아내의 오랜 친구이자 옛 고용주였던 로버트가 찾아와 하루를 묵게 된다. 시각장애인인 로버트는 며칠 전에 아내의 장례를 치렀다. '나'의 아내는 로버트의 비서로 일한 적이 있다. 아내가 직장을 그만둔 후에도 로버트와 아내는 편지 대신 서로의 사정을 테이프에 녹음해서 주고받으며 우정을 지속해왔다. 장례식 후에 로버트가 '나'의 집을 방문해 같이 저녁 식사를 하고 시간을 보내며 일어나는 일이 이 작품의 내용이다.

〈대성당〉에서는 로버트가 시각장애인으로 설정되어 있지만, 주인공인 '나' 역시 감정을 표현하는 데 어려움을 겪는다. '나'의 일상은 매우 건조하다. 자신의 내면에 대해 관심도 없고, 감정도 잘 느끼지 못한다. 그런 면에서 작가인 레이먼드 카버는 진짜 시각장애인이 누구인지 독자들에게 질문하는 것 같다.

'나'는 아내의 장례를 막 치른 시각장애인 로버트에게 코네티컷에서 뉴욕으로 올 때, 기차의 오른쪽에 앉아 아름다운 풍경을 감상했는지를 묻는다. 코네티컷에서 뉴욕시로 들어오는 기차는 오른쪽으로 허드슨강을 끼고 달린다. 시각장애인에게 풍경을 봤느냐고 물을 만큼, 주인공은 타인에 대한 배려나 공감 능력이 부족하다. 자신의 내면과 감정 상태에 대해 잘 모르기 때문에, 타인의 마음이나 입장도 이해할 수 없었던 것이다.

〈대성당〉에서 주인공과 로버트는 텔레비전을 보며 의미 없는 대화를 주고받는다. 로버트는 '나'에게 지금 하는 일을 얼마나 해왔는지, 일이 재밌는지, 앞으로 계속 같은 일을 할지 등을 묻는다. '나'는 이러한 질문에 매우 심드렁한 태도로 부정적이고 짧은 대답만 내놓는다. 이 짧은 대화 속에는 중요한 의미가 담겨 있다. 우리는 '나'라는 주인공이 충일한 삶의 경험과 만족 없이 그저 사는 대로, 살아지는 대로 사는 사람이라는 사실을 짐작할 수 있다. 관성과 습관이 이끄는 대로 사는 것이다. 그는 자기 자신에 대해서도 고민하지 않는다. 자신이 현재 어떤 감정을 느끼는지, 삶 속에서 다른 불편한 점은 없는지 찾아보지 않는다.

이는 〈대성당〉에 등장하는 '나'만의 특별한 경험이 아니다. 상담을 하다 보면 생각보다 많은 사람들이 삶에서 진정으로 원하는 것이 무엇인지 잘 모르는 채로 수동적으로 산다는 것을 자주 느낄 수 있다.

어떻게 보면 〈대성당〉의 주인공인 '나'는 우리와 비슷하기도 하다. 우리는 바쁜 삶 속에서 자신을 잃어버렸지만, 그 사실조차 모를 때가 많다. 그런 어려움들은 현실에서 잘 드러나지 않는다. 사회적 기능이 잘 수행되면, 그 자체로 삶이 잘 흘러간다고 믿기 마련이다. 그러나 우리가 느껴야 할 것들을 느끼지 못하거나 아예 감정을 무시한 채로 지낸다면, 우리의 무의식은 신호를 보낸다. 삶의 방향이 잘못되어가고 있다고, 마음과 감정을 잃어버리지 말라고. 우리에게 '잠'이나 '꿈'으로 알려준다.

스스로에게 '괜찮다'고 말해주는 능력

〈대성당〉의 주인공도 잠과 꿈에 관한 문제를 겪고 있다. 그는 매일 밤 마리화나를 피우며, 오랫동안 잠들지 못했다. 아내와 같은 시간에 잠잔 적이 드물고, 잠이 든다 해도 항상 가슴이 터질 듯 쿵쾅거리게 하는 악몽 때문에 깨곤 했다.

여기서도 우리는 이 주인공에 관한 여러 가지 문제들을 생각해볼 수 있다. 특히 잠과 꿈에 대한 이야기를 살펴보자. 잠과 꿈으로 인해 문제를 겪는 주인공을 보며, 그의 무심한 태도는 '쿨'한 성격 때문이 아니라는 것을 짐작할 수 있다. 그보다는 미처 깨닫지 못한 마음의 문제 때문에 그가 괴로워한다는 것을 알 수 있는 대목이다.

우선 잠의 문제 측면에서 생각해보자. '나'는 쉽게 잠들기가 어렵고, 잠들려면 마리화나 같은 약물이 필요한 사람이다. 엄마나 아빠 품에서 잠들기 직전에 어린아이는 잠투정을 한다. 언어를 통해 자기표현을 하지 못하는 그 어린아이의 마음속으로 우리가 직접 들어갈 수는 없다. 하지만 잠들기 직전에 많은 아이들이 잠투정을 하는 이유는 무언가 상당히 불편한 느낌 때문이 아닐까 추정해볼 수 있다.

잠은 모든 동물들에게 절대적인 무방비의 시간이 된다. 당연히 그에 따른 불안감이 태생적으로 존재할 수밖에 없다. 동시에 잠이 든다는 것만큼 홀로임을 분명하게 경험하게 하는 게 또 있을까. 잠이 드는 순간 우리는 모든 관계, 심지어 이 세상 자체로부터 철저히 단절되고 고립된다(사람이 자는 동안에도 뇌는 계속해서 외부의 자극과 정보를 받아들이고 해석한다. 따라서 실제로는 완전히 단절되지 않는 셈이지만, 이를 의식적으로는 알 수 없다).

잠의 시간은 세상의 빛과 소리, 엄마의 품이 주는 따뜻한 감각, 엄마의 목소리, 심지어 내 몸에 대한 감각과의 연결이 끊어지고, 완벽한 단독자로 돌아가는 시간이다. 심지어 스스로가 홀로인 상태라는 느낌 자체로부터도 분리된 상태다. '영원한 잠'이라는 흔한 비유를 통해 죽음을 표현하는 것도 아마 이러한 맥락과 관련이 깊을 것이다. 상담을 하다 보면 종종 잠이 드는 상태가 죽음의 느낌과 비슷하다고 말하는 내담자들도 종종 보게 된다. 머리로는 그렇지 않다는 걸 충분히 알지만, 마음속의 느낌이 그렇다는 것이다.

정도의 차이는 있겠지만, 잠의 문제는 인간 발달에서 가장 초기에 만나는 양육자와의 관계, 근본적인 신뢰와 관련이 깊다. 매우 연약한 존재일 수밖에 없는 아이가 엄마나 아빠와 같은 주 양육자의 도움 없이 그러한 불안들을 스스로 다독이기란 불가능하다.

따라서 일정 기간 아이의 외부에 있는 존재들이 그러한 기능을 해주어야만 한다. 부모나 조부모가 들려주는 자장가나 옛날이야기들이 모두 이에 해당할 것이다. 양육자들의 역할이 충분히 이루어지면, 일정 시점 이후부터는 아이 스스로 자신을 다독거릴 수 있게 된다. 아이가 외부로부터의 기능을 학습하고 스스로에게 그러한 역할을 하는 과정을 '내재화'라고 일컫는다. 이러한 내재화는 비단 잠에만 한정되지 않는다. 성장하면서 스트레스나 불안을 다스리고 통제하는 과정도 전형적인 내재화라 볼 수 있다.

아이들은 어른들에게는 대수롭지 않아 보이는 사건 때문에 자주 불안해하고 스트레스를 심하게 겪는다. 처음에는 부모나 조부모가 달래고, 향후 문제가 어떻게 진행될지, 어떤 식으로 문제를 해결해야 할지를 함께 탐색해가게 된다. 그리고 어른들은 최악의 경우가 발생하더라도 반드시 나쁜 것만은 아니라 다른 면도 있음을 가르치고, 정서적인 지지를 제공하게 된다.

그러한 과정이 반복되면 아이는 이제 어른들이 자신에게 했던 말이나 태도를 머릿속에 떠올리면서 스트레스와 불안을 조절하려고 한다. 이 과정이 계속 반복되면서 능숙해지고, 마음과 몸에 충분히 습득된다. 이후에는 어른들의 말과 태도를 떠올리지 않아도 자동적으로 그런 어려움을 처리하는 심리적 과정이 내재화된다. 이러한 과정에 문제가 발생하면 잠자리에 누웠을 때, 오히려 부정적인 생각들이 꼬리에 꼬리를 문다든가 더 불안해지고 생각이 많아져서 잠들지 못하는 경우가 생긴다.

잠은 바로 스스로를 다독이며 철저히 혼자여도 불안하지 않은, 어른으로 성장했는지를 측정하는 척도가 되기도 한다. 하지만 과연 나이를 먹고 어른이 된다고 해서 모든 사람들이 그러한

'스스로 다독이기' 기능을 충분히 내재화하고 있을까. 어떤 사람들은 스트레스를 받거나 잠을 이루지 못할 때마다 술의 힘을 빌리기도 하고, 약물에 기댈 수도 있다. 또 어떤 사람들은 소위 '섹스 중독'에 빠지거나 심한 경우 마리화나 같은 마약에 손을 대기도 한다. 내부에서 자신의 감정을 어떻게 달래야 할지 모르기 때문에 외부의 어떤 힘이나 기능을 빌리는 셈이다.

〈대성당〉의 주인공인 '나'에게 편안한 휴식의 기회가 되어야 할 시간이 왜 최대한 거부하고 싶은 공포가 되었을까. 가슴을 쿵쾅거리게 하며 그를 깨우는 꿈은 일시적인 악몽이었을까. 아니면 항상 같은 주제가 반복되는 꿈이었을까. 전날 또는 최근의 어떤 일들과 관련된 꿈이었을까. 성장 과정이나 유년의 트라우마와 관련된 꿈이었을까. 꿈속에서 그는 어떤 것들을 경험하고 등장인물들은 누구였을까. 꿈속에서 그가 느끼던 감정은 어떤 것이었을까.

억눌린 감정에 길 내어주기

A의 꿈으로 돌아가자. 자신의 감정, 그중에서도 슬픔을 표현하는 데 어려움을 느낀 A는 꿈속에서 한참 울었다고 한다. 잠에

서 깬 A는 자신이 울고 있지 않다는 사실을 깨달았으나, 꿈속에서 그토록 서럽게 울던 이가 어린 시절의 자신인지, 꿈을 꾸던 30대의 자신인지 분간할 수 없었다. 깨어난 후에도 꿈의 여운이 남아 있어 한참을 우두커니 앉아 있어야 했다. 마치 심하게 운동을 한 것처럼 지친 느낌이었다. 그가 말했다.

"꿈속에서 저는 왜 그토록 서럽게 울었던 걸까요. 지금도 이상하리만치 형의 죽음에 대해 아무 느낌이 없는데 말이죠."

내가 말했다.

"글쎄요. 개인적인 생각이긴 하지만 아마도 의식적인 수준에서 느끼는 것보다 훨씬 더 강렬하고 복잡한, 어쩌면 굉장히 고통스러운 감정이 마음 깊은 곳에 있는 게 아닐까요? 그리고 그게 맞다면, 마음속에서 그러한 감정들을 막고 있는 것들이 무엇인지, 어떤 두려움이 그런 감정들을 느끼지 못하게 차단하는지 같이 알아볼 수 있지 않을까 싶습니다."

그리고 그는 한동안 말이 없었다. 갑자기 그가 흐느끼기 시작했다. 20여 분쯤 지났을까. 그는 눈물을 그치고 내게 말을 하려고 했다. 입을 여는 순간 다시 눈물이 쏟아졌다. '운다'라는 표현으로는 부족했다. 마치 오래 고인 저수지의 둑이 터져서 범람하는 것 같았다. 이후로도 2~3회기(보통 정신분석 상담의 한 회기는 45분이다)의 상담 시간 동안 비슷한 일이 일어났다. A가 말을 꺼

내려고 하면 눈물이 쏟아지다가 그쳤다. 그 과정이 반복됐다. 마치 오랫동안 쌓인 어떤 감정의 고름 같은 것들이 쏟아져 나오는 느낌이었다.

A의 내면에서 언어화되지 못하고 응어리로만 고인 것들이 울음으로 쏟아져 나온 뒤에야 그는 죽은 형에 대한 여러 가지 복잡한 감정들을 말로 하나씩 표현할 수 있게 되었다. 형에 대한 경쟁과 대결 의식, 그에 따른 죄책감, 자신보다는 형을 늘 우선시했던 부모에게 쌓였던 여러 감정들이 하나씩 언어로 표출되었던 것이다. 물론 이러한 과정은 그 꿈 이후에도 수년에 걸쳐 이루어졌다.

그러면서 그는 스스로를 옭아매던 감정들로부터 조금씩 자유로워졌다. 자유로워졌다는 말은 감정들이 사라졌다는 뜻이 아니다. 도덕적으로 옳든 그르든, 자신의 입장에서 얼마든지 경쟁심이나 분노, 적개심, 살의 같은 감정들을 충분히 지닐 수 있음을 이해했다는 뜻이다. 또한 그런 자신을 좀더 너그럽게 받아들일 수 있게 되었다는 의미이기도 하다. 동시에 그 과정에서 그는 자신의 부모나 형 모두 인간이기 때문에 많은 한계를 가진 존재였음을 마음으로 좀더 받아들이게 되었다.

"저 사이코패스인 것 같아요"라고 말하며 상담실을 찾아오는 이들이 종종 있다. 대부분은 사이코패스라기보다 내면의 어떤 문제, 특히 감정적인 문제를 인지하고 느끼는 데 어려움을 겪는 사람들일 뿐이다. 진짜 사이코패스가 문제를 해결하기 위해 진료실을 스스로 찾는 경우는 없다. 여기서 감정을 느끼지 못하는 이유를 크게 두 가지로 나누어 생각해볼 수 있다.

첫째, 인지와 언어가 충분히 발달하기 전, 아이들이 성장 과정에서 심리적으로 얻어야 할 것들을 충분히 얻지 못한 경우다. 아이들이 내면에서 느끼는 감정들, 특히 부정적인 감정들에 압도되지 않고 인지하여, 말로 표현할 수 있도록 도와주는 것이 주 양육자들의 큰 역할 중 하나다. 자신의 감정을 있는 그대로 느끼고, 거기 압도되거나 휘둘려서 폭발시키지 않고, 언어로 표현할 수 있는 능력을 키워줘야 한다. 이러한 과정이 충분치 않으면 성인이 되더라도 감정을 다루기가 힘들어진다. 이는 결정적인 시기에 특정 언어를 배우는 것을 놓치면 나중에 해당 언어를 구사하는 데 어려움을 겪는 것과 비슷한 이치다.

둘째, 정신분석의 중요한 개념인 '방어기제'를 생각해볼 수 있다. 특히 억압이나 감정 고립이라는 방어기제가 〈대성당〉의 주인공 '나' 내지는 앞에 언급한 사례인 A의 경우에 주된 기제로 작용했던 것으로 생각된다. 억압은 어떤 고통스러운 경험과 관련된 사건과 감정 모두를 의식 저편으로 눌러버려서 기억을 못 하게 만든다. 고립은 사건을 기억할 수는 있지만, 그와 관련

된 감정은 느끼지 못하게 되는 것이다. 방어기제인 고립이 두드
러진 사람을 만나면 무미건조한 느낌을 받게 된다.

억압은 우리가 의식적으로 어떤 생각을 억제하고 참는 것과
는 다르다. 고립은 당사자가 무엇을 억제하는지 알지만, 억압은
무엇을 억압하는지조차 인지하지 못하게 한다. 그래서 정신분
석 상담을 진행하다 보면 잊혀진 기억을 불현듯 떠올리는 경우
를 보기도 한다. 오랫동안 기억했던 사건이지만, 그와 관련된 감
정은 느끼지 못하다가 갑자기 감정을 분출시키는 경우도 있다.

슬픔을 경험해본 사람들은 타인에게 공감할 줄도, 위로할 줄
도 안다. 누군가에게 위로받은 슬픔은 인생의 실패나 상처를 털
고 다시 일어설 원동력이 된다. 인간으로서 갖게 되는 기본적인
감정을 느끼지 못할 때, 우리의 내면은 공허해지고 삶은 방향을
상실한다. 그리고 우리의 무의식은 계속해서 삶의 조종간을 잡
으라고 잠과 꿈으로 알려준다. 만약 잠과 꿈으로 인해 문제를
겪고 있다면, 자신의 내면을 살펴야 하는 시간이라는 의미로 받
아들이면 어떨까.

프로이트는 '꿈은 무의식으로 가는 왕도'라고 했다. 물론 현
재의 모든 정신분석가나 학파가 꿈을 다른 모든 것에 앞서는
'왕도'라고 생각하지는 않는다. 하지만 잠과 꿈이 보내는 이야기
를 인간의 마음이나 정신분석 상담에서 중요하지 않다고 생각

하는 상담가는 없다. 우리의 일상적인 마음과 거리가 멀어 보이는 잠과 꿈을 통해 내면을 단번에 알기는 어렵다. 알 수도 없고, 숨겨져 있을지도 모르는 우리의 마음에 대해 차근차근 알고 싶다면 정신분석가의 도움을 받는 것도 필요하다.

감출수록 나빠진다

심리적 경계

아이들은 비밀이 많다. 어른들이 보기엔 비밀이라 말하기도 어려운 것들이 아이들에게는 비밀이 되곤 한다. 사춘기 아이들이나 청소년들은 더욱 그렇다. 비밀은 아이들, 특히 사춘기 아이들에게 자신의 프라이버시와 심리적 영역을 지켜주는 중요한 것으로 여겨진다. 문제는 그러한 비밀들이 생겨나는 과정에서 트라우마와 관련이 되거나, 이후 이어지는 내용들처럼 병리적인 심리 문제와 연결될 때다.

이유 없이 찾아오는 죄책감과 자책감

기형도 시인의 자전적인 면을 반영한 것으로 추측되는 〈위험한 가계 1969〉. 우리는 이 작품에서 아이가 어려운 상황이나 가족들과의 관계, 그리고 트라우마적인 사건들을 어떤 식으로 처리하거나 해결하면서 고유한 성격체를 형성해가는지를 엿볼 수 있다.

실제로 기형도 시인은 초등학교 3학년 때, 아버지가 뇌졸중으로 쓰러지면서 가세가 기울어 가난하게 살았다고 한다. 너무 '찢어지게' 가난해서 막내였던 기형도는 한때 바로 위의 작은 누나와 함께 고아원 생활을 한 적도 있을 정도였다. 엄마는 식솔들을 먹여 살리기가 늘 고달프고 힘들어서 아들이 학교에서 반장을 맡거나 상장을 받아와도 칭찬해주고 머리를 쓰다듬어줄 물리적·심리적 여력이 전혀 없었던 것 같다. 물론 똑같아 보이는 상황에서도 아이들의 반응과 적응 방식은 모두 다르다.

집안이 찢어지게 가난하고, 남자아이들의 기둥이나 우상처럼 보여야 할 아버지는 썩은 나무처럼 쓰러졌다. 엄마와는 따뜻한 대화를 주고받기도 어렵다. 특히 부모가 아이의 마음에 귀 기울이기 힘들 정도로 여력이 없다면, 누가 아이의 마음속에 떠오르는 것들을 어떻게 느끼고 처리할지 도와줄 것인가. 상장을 받은 아이가 보여줄 사람이 없는 그 상장을 강물에 버릴 때 그 마음은 어땠을까. 서글픔, 원망, 무력감, 화, 미안함과 죄책감, 부끄러움들이 뒤섞여 있지 않았을까.

이런 상황에 처한 많은 아이들이 부모나 가족에 대한 양가적인 마음들을 충분히 인지하거나 표현하지 못한다. 자신의 생각이나 감정이 받아들여지지 않을 수도 있다는 불안과 두려움이 그 하나의 이유가 된다. 아이들은 부모에게 그런 양가적인 마음을 가졌다는 것만으로도 상당한 죄책감과 수치심을 느끼기 때문이다.

결국 아이는 복잡한 그 마음들을 종이배에 실어 보낸다. 그리고 세상 사람들 모두에게 비밀로 한다. 흥미롭게도 이러한 비밀이 형성되는 과정이 진행되면, 외부로부터만 자신을 감추는 것으로 끝나지 않는다. 결국 자기 내면에도 일종의 비밀 창고가 생기면서 전혀 다른 성격이 형성되는 경우가 많다.

기형도 시인과 가까웠던 이들이 공통적으로 하는 말들이 있다. 그중 하나가 '밝고 다정다감하고 어디서나 노래를 즐겨 부르는' 사람이었다는 것이다. 나는 개인적으로도 이러한 세간의 평과 지독하게 염세적인 시구를 쓰는 시인의 내면을 통합해서 이해하기가 쉽지 않았다.

이후 나는 아마도 기형도 시인은 자신이 경험했던 많은 심리적 갈등들을 마음속 비밀 창고에 가둔 채로 '밝은' 성격만을 사회적으로 드러낸 것이 아닌가라는 잠정적인 결론을 내렸다.

비밀이 단순히 말 그대로의 비밀 수준에 그치지 않고 은밀한 즐거움이 되고 중독적인 성격을 띠는 경우를 볼 수 있다. 비밀은 인격의 한 부분을 형성해서 결국 자신을 망가뜨리는 파괴적인 역할을 하기도 한다.

드러날 걸 알면서도 자꾸만 감추는 이유

빌 클린턴은 초등학교 저학년일 때, 충격적인 밤을 겪었다. 친아버지는 오래전 집을 나가 행방불명이 되었고, 이후 혼자 살던 엄마는 얼마 전 새아버지와 재혼했다. 새아버지는 성품이 유순한 편이었지만, 알코올 문제가 있어서 자주 술을 마시고 자제력을 잃곤 했다. 그날 밤에도 새아버지는 술에 취했고, 엄마는 여생이 얼마 남지 않은 빌의 외증조모 병문안을 가려고 집을 나서려던 참이었다. 새아버지는 엄마가 집에 있기를 원했고, 둘의 의견 차이는 금세 큰 싸움으로 번졌다. 싸우는 소리에 불안해진 빌은 엄마의 방으로 갔다. 방 안으로 들어서는 순간 새아버지가 총을 꺼내 엄마를 향해 쏘았다.

빌은 이 사건을 평생 누구와도 나누지 않고, 아무에게도 말하지 않았다. 그의 가장 큰 비밀이 되었던 것이다. 그리고 그는 후에 그 사건과 관련된 문제를 심리적으로 해결하기 위해 혼자서 얼마나 고군분투해야 했는지를 말한다. 동시에 비밀에 대한 그의 태도도 눈여겨볼 만하다. 그는 각자가 비밀을 만들고 유지하는 것이 개개인의 삶을 훨씬 흥미롭고 풍요롭게 만든다고 말한다. 또한 비밀을 간직하면서 정체성이 형성되고, 비밀 안에서 안정감과 평화를 느낀다고 자서전에서 고백한다. 심지어 수치심이 동반되는 비밀은 너무 매력적이라 비밀 없이는 살 수가 없고, 자신도 없을 것이라고 결론 내린다.

이는 사회를 떠들썩하게 했던 빌 클린턴 전 대통령의 자서전에 실린 이야기다. 상당히 충격적인 이 이야기는 비밀이 갖는 의미와 함께 비밀이 어떤 식으로 문제가 되는지를 명료하게 보여준다. 그 트라우마가 어머니뿐만 아니라 이후에 만나는 사람들과의 관계에서도 제대로 다루어진 적은 없었던 것 같다. 빌 클린턴의 마음속에서 이 트라우마가 이후 어떤 식으로 작용했는지에 대해 정확히 알려진 것은 없다. 다만 추측해보건대, 어린 빌에게는 비밀을 지키는 것이 가정을 보호하고, 가족 구성원 사이의 신뢰와 충성심을 지키는 것으로 느껴지지 않았을까 싶다.

이러한 생각은 비밀을 지키려는 아이에게 역설적으로 상당한 심리적 만족감을 줄 수도 있다. 많은 첩보 드라마에서 평범한 일상을 살고 있는 이들에게 국가나 세계를 사수하고 보호할 비밀 임무가 부여되는 상황에서의 심리와 비슷하지 않을까. 아이들은 성장하면서 어떤 비밀을 계속 생산해내려는 일종의 중독성을 보이는 경우가 종종 있다. 이러한 비밀이 그다지 파괴적이지 않다면 크게 문제가 되지 않는다. 그런데 빌 클린턴처럼 트라우마와 직접적으로 연관된다면 사정이 좀 달라진다. 백악관에서 벌어진 스캔들 역시 비밀의 파괴적인 재생산이라는 맥락에서 생각해볼 수 있다. 이는 빌 클린턴의 성격이 형성되는 과정에서 생긴 유년기의 트라우마, 비밀의 역할과 밀접한 관련을 맺고 있었음에 틀림없다.

실제 상황과 관계없이, 비밀은 비밀을 가진 자신이나 아니면 비밀을 공유하고 있는 이들 외에는 나머지 모두를 배제한다는 속성을 지닌다. 그리고 비밀을 공유하는 사람들 마음속에서 이는 일종의 특별한 느낌으로 이어진다. 그게 실제로 특권인지, 특별한 느낌이 맞는지에 대한 판단은 다른 문제다. 최소한 그들의 마음속에서는 그렇게 인식되는 경우가 많다.

곁에서 지켜보는 이들의 평가와는 별개로, 비밀을 공유하는 당사자들이 어떤 특별한 느낌에 중독된 것처럼 보이는 경우를 흔히 접할 수 있다. 예를 들어, 일부 기독교도가 강조하는 방언도 그런 예 중 하나다. 여기서 기독교 교리 측면에서 방언의 의미를 다루려는 것은 아니다. 다만 방언에 대해 일부 교회 목회자들이나 교인들이 갖는 특별한 느낌, 즉 특권이라는 생각은 방언이 곧 신과 소통하는 특별한 비밀의 언어라는 생각에서 나온다. 비밀이 특정 상황에서 일부 사람들에게 얼마나 특별한 느낌을 주는지를 보여주는 대표적인 예가 방언인 것이다.

나 역시 고등학교 때 소위 여러 개의 '서클'에 소속되어 있었다. 그중에는 문학 동아리나 방송반처럼 합법적인 모임도 있었으나, 학교에서 허용하지 않는 서클도 있었다. 몇몇은 마음에 맞는 친구들끼리 서클의 이름을 만들고, 일종의 비밀 조직처럼 개별적으로 조직원을 포섭했다. 딱히 하는 일은 없었다. 그냥 아이들과 한두 달에 한 번 정도 중국집에 모여 짜장면을 먹으면서 우정을 다지는 정도였다.

돌아보면 딱히 비밀스러운 내용은 없었다. 그럼에도 그런 서클들이 여러 개로 늘어났다. 아마도 남들이 모르는 비밀 단체에 소속됐다는 느낌, 그리고 배제를 통한 결속감까지 더해지면서 그런 모임들이 늘어났던 게 아닌가 싶다. 여기서 더 나아가, '비밀 공유는 곧 타자를 배제하는 것이며, 결국 그것은 특별하다'는 생각의 갈래들이 부정적으로 작용하는 경우도 발생한다. 특정 타자들을 배제하고 혐오하는 방향으로 현실 세계에 영향을 미치는 대표적 예들이 미국의 KKK단(흑인 혐오를 바탕으로 테러를 자행하는 미국 백인 우월주의 단체)이나 국내의 '일베'일 것이다. 그들은 특별한 권리를 부여받은 것 같은 비밀주의와 타자의 배제를 통해 자신들의 황폐하고 낮은 자존감을 부정하려 한다.

B는 반복된 자살 시도와 우울증으로 몇 차례 입원 치료를 받은 후 정신분석 상담을 시작하게 되었다. 그녀는 가족 내에서 심한 트라우마 경험을 가지고 있었지만 상담이 상당 기간 진행될 때까지 이에 대해서는 말하지 않았다. 6개월이 넘어가서야, 자신의 가정사와 관련된 충격적인 사실을 털어놓기 시작했다. 그녀의 아버지는 대단히 충동적이고 폭력적인 인물이었다. 의처증 증세도 있어서 수시로 엄마를 폭행했다. 삼 남매 중 장녀였던 그녀는 집안에서 아버지가 때리지 않는 유일한 인물이었다. 엄마나 동생들이 맞고 있는 것을 볼 때면 그녀는 묘한 안도감과 함께 엄마나 동생들에 대한 심한 죄책감을 느끼곤 했다.

동시에 자신만을 사랑하는 것처럼 보이는 아버지에게 잘 보이기 위해 최대한 노력했다. 그런데 아버지는 종종 자살 시도를 하기도 했다. 어느 날 술에 취한 아버지가 집에서 약을 먹고 자살을 시도하는 일이 발생했다. 시장에서 가게를 하며 생계를 꾸려가던 엄마는 바깥에서 일을 하고 있었기에, 어린 B가 119에 신고했고 사건을 수습했다. 이러한 충격적인 일들을 어린 나이에, 그리고 오랫동안 겪었지만 B의 정서적인 충격이 단 한 번이라도 보듬어진 적은 없었다.

오히려 가정에서의 이러한 일들은 엄마와 B 그리고 동생들 모두에게 집 밖으로 나가서는 절대로 안 되는 가족의 비밀이었다. 그렇게 오래, 많이 맞으면서도 엄마는 늘 B와 동생들에게 '친척들이고 누구고 절대 밖에다 얘기하면 안 된다'고 누누이 말하곤 했다. 엄마의 논리는 외부에 알리면 그 자체가 '우리 집안의 수치'라는 것이었다. 친척이든 친구든 사실을 알게 되면 우리 가족을 무시하고 결국 떠나버릴 거라면서 말이다.

상담에서 이러한 트라우마들에 대해 털어놓기 시작하면서 B는 부모를 '고발'하고 '고자질'하는 것 같다며 심한 죄책감을 느꼈다. 동시에 가정의 일들이 누군가(상담가)에게 노출된다는 사실에 심한 수치심을 느꼈다. 그녀에게 상담에서 그 일들을 말한다는 것은 힘들었던 자신의 마음을 누군가에게 위로받고, 어느 누구와도 나누지 못했던 마음의 짐을 나눠 지는 것이 아니었다. 오히려 아버지를 고발하거나 비난하는 일을 상담가와 공모하는 일종의 범죄를 저지르는 듯한 느낌을 받기도 했다.

동시에 그녀는 비밀을 지키라고 강조했던 엄마에게 완전히 등을 돌리는 배신자가 되는 느낌을 받았다. 상담가와의 사이에서 일정 정도 기본적인 신뢰감이 생겼기에 그나마 그 일들에 대해 언급할 수 있었다. 하지만 자신의 마음에 있던 그런 무거운 짐들을 상담가와 함께 나누어도 부모에게 아무런 흠이 되지 않는다는 것, 가족을 배신하는 일이 아니라는 것을 머리가 아닌 마음으로 받아들이고 이해하는 데는 그 후로도 상당한 노력과 시간이 걸릴 수밖에 없었다.

독립을 원하는 아이와 불안한 부모 사이

프라이버시와 비밀은 서로 동전의 앞뒷면 같은 관계다. 특히 사춘기 청소년들이 독립하는 과정에서 비밀이 중요한 역할을 하는 경우가 많다. 앞서 말한 것처럼 대부분은 어른들의 눈에는 대단치 않아 보이는 비밀들이다. 사춘기 아이들에게 비밀은 부모와 독립되어 자신만이 가지는 심리적 경계와 영역으로서 어떤 힘을 느끼게 한다. 상황이나 상대에 대한 통제의 느낌 같은 것 말이다.

이런 비밀과 관련된 느낌들이 가끔 부모의 과도한 영역 침범이나 불안, 그리고 그에 따른 통제 욕구와 맞물려서 비밀의 지속적인 재생산이라는 악순환이 만들어지기도 한다. 아이들이 독립해가는 것은 당사자들에게도 상당한 불안감을 불러일으키는 발달상의 과제다.

그런데 문제는 그만큼 부모들에게도 못지않은 불안을 야기한다는 것이다. 청소년기에 성숙을 위해 쏟아야 될 에너지의 상당 부분을 입시 준비에 쏟아야 하는 한국의 사회 문제는 아이들에 대한 부모의 불안과 통제 욕구를 극대화시키는 경향이 있다. 즉 많은 경우 '입시'라는 이름하에 부모의 과도한 불안이 정당화된다는 것이다. 그 결과 사춘기 아이들의 물리적 영역인 방과 후 시간, 교우 관계 등에 대한 과도한 검열이나 통제가 정당화되는 경우가 많고, 이는 다시 아이들의 비밀 생산을 증폭시키며, 결국 악순환이 반복될 가능성이 높아진다.

고등학생이었던 C는 모범생이었다. 최소한 중학교를 졸업할 때까지는 그랬다. 고등학교에 들어가면서 부모 눈에 엇나가기 시작했고, 반항이 시작되었다. 방에 있는 대부분의 시간을 게임을 하면서 보냈고 온라인에서 어떤 사람인지도 모르는 이들과 어울리는 그를 부모는 도저히 이해할 수 없었다.

C와 부모의 갈등이 심해져서 결국 C가 자기 방의 물건들을 다 때려 부순 뒤에야 부모와 함께 상담실을 찾게 됐다. C가 어릴 때부터 부모는 통제가 심했다. 방이 지저분하고 관리가 안 된다면서 엄마가 방 청소를 명목으로 C의 방 구석구석을 몰래 뒤지는 일이 계속되었다. 엄마는 C의 일기장까지 뒤져보았다. 이를

모를 리가 없는 C는 부모에게 불만을 표시했다. 사춘기에 들어설 무렵 부모가 자신의 일기장을 본다는 사실을 알고는 일기 쓰는 일도 중단했다.

자신의 방에 몰래 수시로 들어오는 부모에 대해 여러 번 화를 내기도 했지만, 부모의 태도는 달라지지 않았다. "네가 방 정리를 제대로 안 하니까, 도와주려는 거잖아. 엄마는 그냥 도와주려고 했다고." 상담에 온 부모의 항변도 마찬가지였다. "얘가 방에서 무슨 짓을 하는지 모르잖아요? 공부를 해야 되는데 게임만 하고 있으니, 어떻게 놔둘 수가 있나요." 그런데 부모의 불안이 증가할수록 아이가 부모에게 감추는 일들은 늘어만 갔다.

사실 이런 악순환의 고리를 끊는 일은 쉽지 않다. 상담에 오더라도 C 같은 사춘기 청소년들에게 상담가는 자신이 처한 어려움을 공유하고 함께하려는 존재라기보다는 부모와 같은 연장선상에 있는 사람으로 인식되는 경우가 많다. 당연히 상담가와의 신뢰감을 구축하는 데도 많은 시간과 노력, 에너지가 필요해진다.

부모의 태도도 마찬가지다. 아이가 숨기고 있는 것을 대신 잘 캐내어 부모가 모르는 어떤 것을 알려주거나 치료를 통해 부모 말을 잘 듣는 아이로 탈바꿈시켜주는 사람으로 상담가를 바라보는 경우가 많기 때문이다. 이러한 경우 관건은 크게 두 가지다.

하나는 어디까지가 실제 아이들을 위해 필요한 부분이고, 어디서부터가 부모의 과도한 불안인지를 좀더 구분할 수 있도록 부모를 돕는 것이다. 동시에 아이를 통제의 대상이 아닌 조금씩 부모 품을 떠나갈 준비를 하는 하나의 독립된 인격체로 느낄 수 있도록 부모를 돕고 지지하는 것이 중요한 치료적 과제가 된다. 많은 이들이 아이들의 독립에 대해 말하지만, 아이로부터 부모가 독립하는 문제에 대해서는 간과하는 측면이 많다. 한 예로 장성한 아들을 놓아주지 못하는 이 땅의 많은 시어머니들과 며느리들의 갈등은 부모의 독립 문제가 얼마나 쉽지 않은지를 보여준다.

다른 하나는 아이가 상담가와의 사이에서 근본적인 신뢰의 느낌, 자신의 독자적인 영역이나 자율성이 훼손되지 않는 경험을 하게 해주는 것이다. 또한 그에 따른 책임이 분명히 자신에게 있고, 자신의 행동이 미칠 영향과 함께 부모의 불안과 통제 욕구를 증폭시키는 데 자신이 얼마나 기여하고 있는지를 깨닫도록 돕는 일이다.

이러한 과정은 단기간에 이루어질 수 없다. 그러나 지속적인 노력을 통해 비밀이 독립과 성장, 심리적 경계 등과 관련되어 있음을 부모와 아이 모두 깨닫는다면 충분히 성과가 있을 것이다.

반복되는 이 길을 빠져나가는 방법

반복 강박

　20대 여성 D는 대학교 졸업반이었다. 그녀의 문제는 반복적인 자해와 함께 매번 다른 남성들과 즉석 만남을 한다는 것이었다. 처음 상담받게 된 계기는 만성적인 공허와 우울감이었지, 자해나 하루가 멀다 하고 남성들과 잠자리를 하는 문제는 아니었다. 후자는 상담 과정에서 드러났다. 그녀가 만난 남성들 중 팔할은 데이트 앱에서 구한 낯선 사람들이었기에, 물리적인 안전 문제를 비롯해 임신이나 성병 등 여러 면에서 걱정이 되는 상황이었다. 그런데 정작 그녀는 그러한 문제에 대해서는 매우 '쿨' 했다.

　상담이 진행되면서 그녀가 사춘기에 친척 오빠한테 성추행을 당했고, 성폭행까지 당할 뻔했다는 사실을 알게 됐다. 이후 그녀는 이차성징을 겪으면서, 본인의 의지와 관계없이 여성으로 성장해가는 것에 대해 상당히 혼란스러워했다. 하지만 어느 누구에게도 그 일에 대해서 말하지 않고, 그 혼란감 안에 어떤 것들이 자리 잡고 있는지 알지 못한 채 성인이 되었다.

그 일 이후에도 그녀는 늘 '평범한' 딸이자 '보통'의 학생이었다. 그녀의 방황은 고달픈 대입 수험 생활이 끝나고 대학에 들어가면서부터 시작됐다. 이제 '진정한 자유'를 찾아야겠다는 생각이 합격자 발표 직후부터 머릿속을 가득 채웠다. 그녀는 매일 시간이 부족할 정도로 다양한 활동들을 시작했다. 풍물패 동아리 활동부터 독서 모임, 해외여행 준비, 스킨스쿠버 등 몸이 열개라도 소화하기 힘들 만큼 바빴다. 그리고 밤에는 거의 매일 필름이 끊길 때까지 술을 마셨고, 취하면 낯선 남성들을 만났다.

그녀는 이런 상황 속에서 자유로움을 확인한다고 말했다. "무언가를 선택할 때, 특히 남성들을 선택할 때, 그러고 나서 그들을 뒤도 돌아보지 않고 버릴 때, 저는 정말 제가 자유롭다는 느낌을 받아요." 내가 느끼기에 그것은 진정한 자유로움이라기보다는 자신이 자유로워야 한다는 내적인 압박, 자유로움에 대한 강박처럼 보였다. 이 자유로움에 대한 강박은 그녀로 하여금 어떤 반복의 늪을 벗어나지 못하게 만들고 있었다.

반복 강박의 네 가지 유형

프로이트는 인간의 생각, 감정, 행동 등에 일정한 반복적인 패턴이 있음을 발견하고 이를 '반복 강박'이라고 불렀다. 프로이트는 초기 이론에서 '쾌락 원리pleasure principle'로 사람의 마음과 행동을 이해하고자 했다. 말 그대로 사람은 즐거움과 쾌락을 추구하고, 고통을 피하려는 경향이 있다는 것이다.

그런데 '쾌락'이란 무엇인가. 술을 좋아하는 사람이라면, 술을 마시고 싶어 하고, 마시면 즐겁다고 생각할 것이다. 그런데 과연 즐겁기만 할까. 꼭 그렇지만은 않다는 사실을 많은 이들이 이미 경험으로 알고 있다.

알코올의존 환자를 생각해보라. 그들은 술을 마시기 시작하면 조절하지 못하고 쓰러질 때까지 계속 마신다. 그리고 취기에서 깨면 다시 술을 찾는다. 급기야 손목을 잘라버리고 싶을 정도로 괴로운데도 자동화된 로봇팔처럼 계속 술을 마시는 자신을 발견하게 된다. 이 같은 상황을 과연 '쾌락'이라고 말할 수 있을까. 알코올의존 환자가 고통스러운 행동을 반복하는 것이 반복 강박의 한 예다.

D도 본인은 자유롭다고 느꼈지만, 결과적으로는 누가 보기에도 자기 파괴적인 행동 패턴을 반복하고 있었다. 이 역시 반복

강박에 해당한다.

너무나 고통스럽다는 사실을 알면서도 반복을 거듭하는 강박 장애 환자들처럼 거의 모든 증상들이 쉽게 사라지지 않고 반복적인 특성이 있다. 그리고 외상후스트레스장애 환자들처럼 잊고 싶은 고통스러운 기억들이나 장면들이 계속해서 머릿속에 생생하게 떠오르고 반복된다는 사실과 함께 처음에 '소망의 성취'라고 생각했던 꿈에서조차 고통스러운 악몽을 경험한다는 것 등이 모두 반복 강박에 해당한다. 이 문제는 프로이트로 하여금 쾌락 원리에 대해 오랫동안 고민하게 했다.

오랜 고뇌 끝에 프로이트는 인간의 무의식에 모든 것을 무無로 돌아가게 만드는 죽음 본능이 있다고 생각했다. 그리고 이후 정신분석의 역사에서 이 죽음 본능은 오랫동안 상당한 논쟁거리로 작용했다. 지금도 학파에 따라 죽음 본능 개념을 받아들이기도 하고, 받아들이지 않기도 한다. 이토록 이론적으로나 임상적으로 증명하기 어려운 개념을 도입해야 할 만큼 반복 강박의 문제는 프로이트에게 설명하기 어려운 문제였다.

프로이트가 오래 고민했듯이 후대의 많은 정신분석가들도 반복 강박을 이해하기 위해 많은 노력들을 기울였다. 반복 강박은 여러 가지 형태를 띠는데, 프로이트는 이를 크게 네 가지로 분류했다.

첫 번째, '증상 신경증'이다. 강박 증상 같은 것들이 대표적인 예 중 하나다. 불편해하고 고통스러워하면서도 강박적으로 수십, 수백 번씩 손을 씻거나 무언가를 계속 확인하는 것이다.

두 번째, '성격 신경증'이다. 주부인 E는 조금이라도 자신에 대해 지적하면 그게 어떤 말이든, 누구의 말이든 상관없이 기분이 상했다. 그 주체가 자신과 가까운 남편이면 화를 냈다. 밖에서 만난 사람이면 겉으로 직접 표현은 안 했지만, 속으로 화를 내면서 관계를 끊었다. E 스스로가 생각하기에도 시간이 지나면 크게 의미를 둘 필요가 없는 말들이었다. 기분이 나쁠 수는 있지만, 관계를 단절할 만한 말들은 아니었다.

E가 중학교 2학년이었던 아들의 같은 반 친구 엄마들 모임에 나갔을 때였다. E에게 누군가 농담(경우에 따라 듣기 좋은 농담은 아닐 수도 있지만)을 건넸다. "아이고, ○○는 공부도 너무 잘하고 완전 모범생이라, 너무 좋겠어요. 그런데 엄마가 집에서 너무 잡나 보다." 이 말을 들은 E는 마음속으로 '아니, 내가 애를 잡긴 뭘 잡아. 그리고 남의 집 일에 자기가 왜 간섭이야'라고 생각했고, 이후에 완전히 관계를 끊었다.

대인 관계에서 오가는 말이나 상황에 지나치게 민감하다 보니 주위에 친한 사람이 없었다. 그녀는 늘 누군가가 자신을 무시하거나 업신여길까 봐 전전긍긍했다. 그래서 늘 외로웠지만,

자신이 어떤 행동 패턴을 통해 스스로를 외롭게 만드는지 인식하지 못했다.

반복 강박의 세 번째 유형은 '운명 신경증'이다. 첫 번째 결혼에서 남편의 심한 폭력이나 외도로 이혼한 여성이 새로운 남자를 만나도 매번 비슷한 유형의 사람을 만나는 경우를 생각해볼 수 있다. 또한 어떤 성취를 앞둘 때마다 아이러니하게도 성취나 성공이 주는 무의식적인 두려움으로 인해 이런저런 핑계를 대며, 자신의 능력이나 상황보다 결과적으로 덜 성취하게 되는 일종의 '성공 공포증' 유형도 여기에 해당한다.

네 번째 유형은 지속적으로 스스로를 부정적인 감정의 굴레로 몰아넣고, 끊임없이 자신을 탓하는 우울증이다.

갑작스러운 상실을 마주했을 때

반복 강박에 대해 씨름하던 프로이트는 18개월 된 자신의 손주 에른스트가 실이 감긴 실패를 던지며 노는 것을 보았다. 프로이트는 아이가 실패를 구석에 던지며 "사라졌네"라고 외치고, 아장아장 걸어가서 다시 실패를 발견하고는 "저기 있네"라며 즐거워하는 것을 관찰했다. 이 행동들은 아이의 엄마가 아이를 두고 외출하거나 자리를 비울 때 일어나곤 했다.

프로이트는 엄마가 장시간 아이를 떠나는 것이 아이에게 일종의 트라우마를 유발할 수 있는 상황이라는 것을 알게 됐다. 또한 아이는 이를 놀이로 재현함으로써 스트레스를 극복하는 중이라는 것도 알게 됐다. 이때 실패는 엄마를 표상하는 상징물이다.

흥미롭게도 엄마와의 관계에서 아이는 떠나는 엄마를 막을 수 없는 수동적인 존재였다면, 엄마를 상징하는 실패를 눈앞에서 잠시 사라지게 함으로써 아이는 능동적인 주체가 된다. 수동적인 상태에서 능동적인 존재로의 역할 역전role reversal 현상은 아이들의 놀이에서 관찰된다.

성인도 마찬가지다. 특히 D처럼 트라우마와 관련된 경험이 있는 경우, 역할 역전이 자주 나타날 수 있다. D는 상담을 진행하면서 자신의 자유로움에 대한 강박(그녀는 본인이 자유롭다고 느꼈지, 자유로움에 대해 강박감을 가지고 있다고 생각하지 않았다)과 성폭력 피해 사실을 연결 짓지 못했다.

상담이 더 깊이 진행되고 나서야 그녀는 성폭력 피해를 당할 뻔한 상황에서 자신이 얼마나 무력했는지를 느낄 수 있었다. 이후 무력한 자신을 얼마나 수치스럽게 여기고 싫어했었는지를 인지하고 이를 언어로 표현할 수 있게 되었다. 자신이 자유로움에 지나치게 집착한다는 것도 느꼈고, 이러한 집착이 자신의 성폭력 피해와 관련이 있음을 인식하면서 문제 행동들은 서서히 줄어들었다.

그녀는 현재에도 생생히 살아 있는 과거와 현실을 감정적으로 구분할 수 있게 됐다. 이렇게 해서 자신의 과거를 정말 과거로 흘려보내는 애도 과정이 진행되었던 것이다. 이 애도 과정에서 중요한 것은 크게 두 가지였다. 하나는 어렸던 당시의 공포와 분노, 수치심 등 온갖 엉킨 감정들의 덩어리들을 세분해서 충분히 인지할 수 있게 됐고, 이를 언어로 표현하게 되었다는 것이다. 다른 하나는 고통스러운 과거가 현재의 행동에 밀접하게 영향을 주고 있음을 알게 된 것이다.

이러한 역할 역전과 상징화를 통해 트라우마를 극복하는 과정은 진료실 밖에서도 보게 된다. 케임브리지 대학의 역사학자 헬렌 맥도널드는 갑자기 런던에서 사진기자로 일하던 아버지를 심장마비로 잃는다. 너무도 갑작스러워서 준비하지 못했던 아버지의 죽음으로 인해, 그녀는 우울함과 내면의 어두움 속으로 칩거한다.

그러다 문득 어릴 때 아버지와 가끔 매를 보러 갔던 일을 떠올린다. 그녀는 새끼 참매를 분양받아 케임브리지의 집에서 키우면서 길들이기로 결심한다. 그녀는 이 매에게 '메이블'이라는 이름을 붙여준다. 또한 이 매가 사람들이 사는 도시에 적응하고, 동시에 야생에서도 충분히 생존하게 만든다는, 두 가지 상반된 과제를 이루려고 시도한다. 숱한 노력과 시행착오 끝에 얻게 되는 그녀의 깨달음은 슬프지만 감동적이다.

프로이트의 손주인 에른스트와 마찬가지로, 헬렌은 매를 날리고, 날아갔던 매가 다시 돌아오도록 조련하는 과정을 통해 자신이 겪은 상실을 상징화해서 재경험하고 있었던 것이다. 아버지를 상실한 경험은 자신의 통제가 닿을 수 없는 불가항력적인 세계에 해당했다. 그러나 헬렌은 메이블과의 재경험을 반복함으로써 이러한 상실을, 즉 트라우마를 능동적으로 통제하고 싶었던 것이다. 이후 이러한 반복의 의미를 깨달은 헬렌은 성장해서 야생으로 돌아가야 할 시간이 된 메이블과의 이별을 좀더 편안히 받아들일 수 있게 된다.

애도는 서둘러 잊으라고 말하지 않는다

헬렌 맥도널드는 참매를 길들이는 고통스러운 과정 속에서 자신의 트라우마를 발견할 수 있었다. 이를 통해 아버지의 죽음이라는 큰 상실을 받아들이는 애도 과정을 진행했다. 그러나 D

처럼 치료적 도움 없이는 반복의 늪에서 벗어나기 어려운 경우도 많다. 아마도 트라우마의 강도와 시기, 각자의 기질이나 성격이 트라우마에서 벗어나는 것에 영향을 줄 것이다. 특히 유년기에 트라우마를 겪었다면, 이후 최대한 빠르고 충분하게 적절한 보살핌이나 치료를 받았는지도 함께 고려해야 한다.

프로이트는 〈기억하기, 반복하기, 그리고 훈습하기〉라는 논문에서 고통스럽고도 병적인 패턴을 반복하는 이들이 그렇지 않은 사람들에 비해 어떤 부분이 다른지를 설명한다. 또한 그는 정신분석 상담을 통해 이 문제들을 어떻게 해결할지도 다룬다.

그는 많은 내담자들이 트라우마 사건이나 그에 연관된 어떤 고통스러운 감정들을 기억하거나 떠올리고 이를 언어화하는 과정 대신에 행동으로 반복하는 양상에 주목했다. 앞의 A나 B 같은 경우가 대표적이다. 그는 치료 과정에서 크게 두 가지가 일어난다고 제시했다. 하나는 오랫동안 마음 안에 고름처럼 고였지만 인지되지 못했던 어떤 감정들(분노, 수치심, 무력감, 패배감, 불안 등)을 상담가와 함께 알아가는 것이다.

다른 하나는 '전이'다. 상담가가 내담자에게 에른스트의 실패나 헬렌의 메이블 같은 존재로 작용하는 것이다. 트라우마 당시에는 매우 수동적이고 무력한 상태에서 어쩔 수 없이 겪어야 했던 경험을 상담 과정에서 새로운 방식으로 재경험하게 돕는다.

그 속에서 내담자는 자신과 관계, 세상에 대한 다른 서사를 알고 습득하게 된다.

이는 한두 번의 '유레카'와 같은 경험이 아니다. 바이올린 연주자가 완성된 곡 하나를 무대에 올리기 위해 무수히 연주를 반복하듯, 상담가와의 관계에서 상당 기간 훈련하면서 조금씩 앞으로 나아가는 과정이다.

안타깝게도 우리는 우리가 상실한 것들과 쉽게 헤어지지 못한다. 아니, 상실했다는 사실조차 받아들이지 못할 때가 많다. 그래서 우리에게는 상실을 받아들이고, 흘려보낼 수 있는 자리가 필요하다. 상실한 것, 상실한 후에 남은 것들과 만나는 시간은 낭비가 아니다. 상실의 아픔을 되새길 때, 우리는 분명 더 크고 깊은 존재로 성장할 수 있다.

그러나 아버지를 잃은 헬렌이 메이블을 기르고 다시 놓아주는 것처럼, 어떤 슬픔은 우리 삶의 깊이와 폭을 변화시킨다. 정신분석 역사에서 큰 줄기 중 하나인 '클라인 학파'를 창시한 멜라니 클라인은 상실에 대한 적응 과정을 크게 두 단계로 구분한다. 첫 번째 단계는 '편집-분열 상태paranoid-schizoid position'다. 이 단계는 자신에게 닥친 현실과 트라우마, 상실 등을 전혀 받아들이지 못하는 단계에 해당한다. 세상은 편집증적 공포와 분노, 적대감으로 가득 차 있고 만인의 만인에 대한 투쟁이 이러한 상태를 특징짓는다. 애도가 진행된다는 것은 이러한 상태에서 두 번째 단계인 '우울 상태depressive position'로 나아간다는 의미다. 우울 상태는 스스로의 한계와 상실을 슬퍼하면서 현실 속에서 가능한 것과 가능하지 않은 것들을 구분하고 받아들이기 시작하는 단계다. 이 우울 상태에서 중요한 것은 충분히 깊게 슬퍼하는 것이다.

잃어버린 시간과 사람들은 과거의 편린들이 아니다. 그것들과 함께하지 않았더라면 현재의 나도 존재하지 않았을 것이기에, 너무나 소중하다. 상실이 우리를 통과할 때 부서지거나 무너지지 않기 위해 우리는 마음껏 울고 슬퍼할 필요가 있다.

몸과 마음이 말하는 모든 이야기를 듣기

꿈의 해석

미국의 저명한 정신분석가이자 정신과 의사인 글렌 가바드 Glen O. Gabbard 박사는 꿈에 관한 흥미로운 사례를 제시했다. 그것은 평상시에 깨닫기 어려웠던 내면의 생각이나 감정을 꿈을 통해서 알게 되는 매우 극적인 내용이었다.

중년 여성 F가 있다. F는 근육위축증이라는 질환(근육위축이 서서히 진행되다가 결국 죽음에 이르는 병)으로 젊은 아들을 잃었다. 아들이 죽은 후 심한 우울증에 빠진 F는 상담을 시작했다. F는 원래 감정을 극도로 절제하는 성격이었다. 아들이 죽은 뒤 다발성경화증을 비롯해 여러 불치병을 돌보는 요양원에서 자원봉사를 시작했다. F는 이상하게도 아들의 죽음과 관련해 슬픔을 느끼지 못했다. 그러던 어느 날 그녀는 매우 짧은 꿈을 꿨다고 말했다. 꿈속에서 그녀의 손톱은 모두 깨져 있었다.

가바드 박사는 그 꿈과 관련해 마음속에 떠오르는 것이 있는지 물었다. 그러자 그녀는 아들이 살아 있을 때 침상에 누워 움직이지 못하던 아들의 기저귀를 갈다가 종종 손톱이 부러지던 기억을 떠올렸다. 상담가는 그 꿈의 의미를 바로 파악할 수 있었다.

"손톱이 많이 깨지는 일을 겪는다는 것은 어떤 면에서는 오히려 행복한 경험일 수 있겠네요. 당신의 아들이 살아 있다는 의미인 셈이니까요." 이 해석을 들은 F는 조용히 흐느꼈다.

무의식에 이르는 길

프로이트는 상당히 방대한 분량의 《꿈의 해석》을 통해 역사상 처음으로 꿈에 대해 합리적이고 과학적인 '해석'을 시도했다. 이 책이 출간되기 전까지 사람들은 꿈을 주술적인 것으로 생각했다.

그는 《꿈의 해석》에서 '꿈'이란 소망 충족의 수단이며, 무의식으로 이르는 지름길이라고 설명한다. 현재 우리는 한 세기가 지난 프로이트 이론을 문자 그대로 받아들이지는 않는다. 현대의 정신분석 이론은 그 긴 시간 동안 수많은 논쟁과 토론을 통해 수정되고 보완되면서 체계를 만들어왔다. 임상에서도 상호보완적인 관점에서 프로이트를 이해하고 활용한다. 그럼에도 현재까지 살아 있는 프로이트의 핵심적인 생각들이 있다.

첫 번째, 인간의 마음을 탐구하는 데 있어서 꿈은 여전히 중요하다. 그 외에도 마음속의 상념, 환상, 실수 같은 것들도 꿈 못지않게 중요하게 다뤄진다.

두 번째로 프로이트는 꿈을 '소망의 성취'라고 보았고, 이는 현재까지도 일정 부분 유효하다. 다만 프로이트는 《꿈의 해석》에서 소망의 성취라는 하나의 원리로 꿈과 무의식을 설명하려고 했다. 지금은 꿈은 물론이고 인간의 모든 마음과 행동 등이 본능적 욕구 충족을 요하는 이드, 현실과 타협하는 자아, 원칙과 내면의 이상적 기준에 해당하는 초자아 사이의 역동적인 상호관계와 타협에 의한 산물이라는 이해가 덧붙여졌다. 이를 구조이론이라고 한다.

세 번째는 꿈을 꾼 당사자의 연상이 중시된다는 것이다. 꿈의 해석은 크게 두 가지 방법으로 구분된다. 하나는 내러티브적인 해석이다. 나머지 하나는 내담자의 연상을 통한 세부 해석이다. 장기간의 정신분석 상담이 종결되어갈 무렵에 많은 내담자들이 이를 암시하는 것처럼 보이는 꿈들을 많이 꾸곤 한다.

예를 들어 상담 종결을 앞두고 있는 중년의 내담자 G가 이런 꿈을 꾸었다고 한다. "어제 꿈을 꾸었는데 저는 고등학교 3학년 이었어요. 기말고사도 끝나고, 혼자 복도에서 창밖을 물끄러미 보다가 꿈에서 깼어요."

이 꿈은 자명하다. 상담 종결을 앞둔 상황에서 고등학교를 졸업하는 꿈을 꾸었으니, 이는 앞으로 끝나게 될 상담과 관련된 꿈이라고 해석할 수 있다. 이렇게 표면적인 이야기를 중심으로 꿈을 해석하는 것이 내러티브적 해석이다. 내러티브적 해석은 정신분석을 전공하지 않은 이들도 어느 정도 익숙하리라 생각한다.

G는 상담 종결을 앞두고 특별한 감정을 느끼지 못했다. 여러 문제들이 해결되었다. 처음에 비현실적인 기대가 조금 있었지만, 지금은 그것대로 현실적으로 수용하고 있었다. 전반적으로는 만족스러운 상태였다. 그럼에도 그의 꿈의 내러티브는 무언가 다른 느낌을 주었다. 게다가 그는 이 꿈과 종결되는 상담을 연결 지어서 생각하지 못하고 있었다. 그 꿈이 상담 종결과 관련이 있는 것 같다고 언급하자, G는 살짝 놀라며 웃었다. "아, 그럴 수 있겠네요. 관련이 있을 수 있다고 전혀 생각하지 못했어요." 그런 뒤, 그는 만족감과는 별개로 그간 상담가와 상의하며

여러 문제를 해결하다가 이제는 혼자서 해결해야 한다는 불안이 있었음을 알게 됐다. 또한 심리적으로 중요한 대상이었던 상담가와의 이별에 대한 서운함과 슬픔이 자신의 마음속에 있었음을 깨달았다.

꿈은 무엇을 말하는 걸까

심지어 예지몽이라고 불리는 꿈들도 상당수는 내러티브적인 해석으로 '해몽'되는 경우가 많다. 내가 대학 입시를 끝내고, 합격자 발표를 기다리던 중이었다. 발표를 앞두고 가족 중 한 명이 다음과 같은 꿈을 꾸었다.

"어젯밤에 내가 꿈을 꾸었는데, 기차를 타고 여행을 했어. 햇살이 눈부신 가을이었고, 날씨가 정말 화창했지. 기차가 들판을 가로지르는데, 그 한없이 너른 벌판에 곡식들이 누렇게 익어서 풍년이더라고."

가족들은 이 꿈을 합격에 대한 예지몽으로 이해했다. 실제로 며칠 후 나는 합격 통지를 받았다.

꿈의 이러한 내러티브를 프로이트는 '발현몽manifest dream'이라고 명명했다. 그런데 G의 꿈에서 '학교', '시험' 등은 어떤 의미일까. 비슷한 꿈을 꾸어도 어떤 이는 교회 예배가 끝나는 상황이 나오기도 하고, 누구는 파티가 끝나는 꿈을 꾸기도 한다. G처럼 혼자 있었던 것은 어떤 의미일까.

이렇게 꿈을 이루는 많은 요소들을 생각해볼 수 있다. 프로이트는 무의식에 있는 어떠한 욕망, 특히 금지된 공격성이나 성적 욕망(프로이트는 많은 욕망들 중 특히 성적 욕망에 주의를 기울였다)들이 변형된 형태로 꿈에 반영된다고 했다. 꿈의 이면에 있는 이러한 내용들을 프로이트는 '잠재몽latent dream'이라 명명했다.

꿈을 이루는 요소들의 의미를 분석하기 위해서는 내담자의 연상을 따라 들어가야 한다. 이런 면에서 꿈의 분석은 시를 분석하는 과정과 비슷하다고 볼 수 있다. 같은 단어라도 시인마다 다르게 사용하는 것처럼, 각자의 꿈속에 나오는 요소들이 어떤 의미인지를 알려면 내담자의 연상이 없이는 불가능하다.

마지막으로 프로이트는 잠들기 전까지 있었던 사건이나 마음속의 생각, 느낌 같은 것들이 꿈에 영향을 미친다고 말했다. 현대 뇌과학에서는 꿈을 꾸는 동안 낮에 활동한 것들이나 학습한 것들의 의미가 뇌에서 정리된다는 사실을 밝혀냈다. 프로이트가 살아 있던 시기는 뇌과학에 대한 지식이 지금과 비교하면 대단히 빈약했다. 그러나 프로이트는 오로지 관찰과 직관만으로 이러한 사실을 발견하고, 꿈의 해석 과정에 이를 포함시킨 것이다. 매번 그의 통찰에 놀라게 된다.

이런 면에서 정신분석은 꿈을 일종의 연결 내지 연속적 세계관의 측면에서 바라본다. 낮 동안의 활동과 생각, 감정이 자는 동안에도 이어지고, 각성 시의 상태와 꿈이 연결돼 있다는 것이다.

현재의 상태는 과거의 중요한 경험들과 연결된다. 일상에서 일어나는 일들이 상담실 안에서 일어나는 상황과 연결된다. 의식적으로 생각하고 느끼고 행동하는 측면과 내가 인지하지 못하는 무의식적인 어떤 것들이 서로 연결되고 영향을 주고받는다. 이러한 내용들이 어떤 의미로 연결되어 있는지를 알아가는 것이 정신분석의 중요한 과정이다.

마음이 변할 때 꿈도 변한다

정신분석 상담을 진행하다 보면 상당히 흥미로운 현상을 볼 수 있다. 상담이 깊어지고 내담자가 자신의 마음을 이해할수록 꿈의 내용도 바뀐다는 것이다. 대체로 심리적 어려움이 클수록 꿈도 복잡하고 이해하기 어렵다. 이후 자신에 대한 이해가 진행될수록 꿈 내용이 좀더 일관성을 띠게 된다. 또한 내러티브적인 측면에서 꿈의 이야기가 더 구체적이고 분명해진다.

많은 이들이 공통적으로 꾸는 꿈들 중에서 시험을 치르는 꿈, 무언가를 하려는데 잘 진행이 되지 않고 계속 반복하는 꿈(나 역시도 지난밤에 뉴욕의 어느 관청에서 키패드에 계속 잘못된 숫자를 반복해서 누르는 꿈을 꾸다가 깼다), 운전하는데 브레이크가 말을 듣지 않는 꿈들이 있다.

자아의 측면에서 보면 브레이크를 밟는 행위는 무언가를 통제한다는 의미이고, 브레이크가 작동하지 않는다는 것은 통제에 대한 심리적 어려움이나 불안을 의미할 수 있다. 초자아의 측면에서는 브레이크가 작동하지 않는다는 것은 스스로에 대한 어떤 처벌을 의미할 수도 있다. 프로이트의 구조 이론에서 보면, 운전은 어떤 욕망을 실현하고 싶은 욕구와 관련이 있다. 영어 단어 'drive'가 운전이라는 뜻과 욕망이라는 의미를 함께 가지듯이 말이다. 동시에 운전은 욕망에 대한 통제와 조절이라는 측면도 갖고 있다. 다만 이런 측면들이 개개인한테 어떻게 작용하는지는 구체적인 상담 과정을 통해서만 알 수 있다.

H는 전문직을 가진 30대 남성이었다. 그는 완벽주의적인 성격이 강했고, 마음 안에 공격적이거나 성적인 판타지들이 많았다. 또한 그런 마음들이 자신의 통제에 따르지 않고 불쑥불쑥 떠오른다는 사실에 상당한 심리적 불편감을 느꼈다. 상담실에서도 수치심 때문에 그런 내용들을 말하기 어려워했다.

그는 자주 운전과 관련된 꿈을 꾸었다. 내리막길에서 브레이크를 밟는데도 작동이 안 되어서 불안해하다가 잠에서 깨곤 했다. 꿈속에서의 그 불안감이 너무 생생해서, 깨고 난 직후에도 꿈속의 장면이 정말 꿈인지 순간적으로 헷갈리는 경우가 많았다. 몇 년간의 상담이 진행되면서 자신의 내적인 욕망이나 판타지에 편안해졌다. 이후 상담 종결을 몇 주 앞둔 때였다.

그는 다시 운전과 관련된 꿈을 꾸었다. 그간의 꿈에서 주로 몰던 승용차 대신에 이번엔 대형 버스를 운전했다. 꿈에서 그는 주차장에 대형 버스를 주차하고 있었다. 그간의 꿈들과 달리 이번엔 브레이크의 오작동 문제가 없었고, 정확히 주차 구역에 주차를 마치자 꿈이 끝났다.

많은 이들이 꿈을 의미 없는 것으로 치부한다. 내담자의 마음속에 떠오르는 모든 것이 무의식으로 연결되는 단서가 되지만, 꿈은 여전히 마음 깊은 곳을 이해할 수 있는 중요하고 풍부한 재료다.

꿈은 우리의 무의식이 의식에 보내는 메시지다. 과도하게 억눌린 욕망, 이루지 못한 소망, 좌절감과 수치심, 인지되지 못한 분노, 깊은 고통들이 꿈을 통해 간접적인 방식으로 타전된다. 다만 꿈이 보내는 메시지에 잡음이 섞이기도 하고, 완전한 이야기를 이루지 않을 때도 많다. 그래서 그 의미를 알기 어려운 경우가 생길 뿐이다. 이러한 무의식의 목소리에 주의를 기울여서 내 삶을 구성하는 이야기로 만들 수 있다면, 우리는 스스로에 대해 잘 이해할 수 있을 것이다.

다만 일각에서 심지어 정신과 의사나 상담을 하는 사람들 중에도 꿈 내용을 듣고, 답이 탁탁 나올 수 있는 것처럼 '해몽'을 하는 경우를 보게 된다. 꿈을 인간의 마음과 동떨어진 현상, 소위 '개꿈'으로 치부하려는 경향과 마찬가지로 이러한 태도도 경계해야 한다. 꿈 하나를 충분히 분석하기 위해서는 개인의 고유한 역사와 현재의 상태, 상담실에서 진행되어온 내용들, 내담자의 연상 등 여러 부분들이 종합적으로 고려되어야만 한다.

꿈에 대해서라면 뉴욕에 계신 나의 선생님 중 한 분의 말을 인용하고 싶다.

"꿈은 우리 무의식으로 들어가는 중요하고도 대단히 매혹적인 길 중 하나입니다. 하지만 동시에 우리는 꿈 앞에서 한없이 겸손해야 합니다."

누군가를 구원한다는 것이 가능할까

《삼국사기》〈온달전〉에 의하면, 공주는 어린 시절 잘 울어서, 왕이 바보 온달에게 시집보내겠다고 말한다. 그 뒤, 공주가 결혼할 나이가 되자 왕이 귀족 집안에 시집보내려 했지만 공주는 이를 거부한다. 왕이 화를 내며 궁궐에서 쫓아내니, 공주는 온달을 찾아가 혼인한다. 그녀는 눈먼 시어머니를 잘 봉양하고, 바보스러운 남편 온달에게 무예와 학식을 가르쳤다. 공주의 도움과 가르침을 받아 온달은 뛰어난 무예를 지니게 되었다. 이후 전쟁에서 온달은 고구려군의 선봉이 되어 적을 격파하고 대공을 세웠다.

아마도 상당수가 자라면서 한 번은 듣거나 읽었을 내용일 것이다. 평강 공주와 바보 온달에 대한 이야기는 매우 설화적인데, 실제 역사를 떠나 많은 설화들이 공통적으로 반영하고 있는 사람의 근본적인 마음에 대한 이야기를 담고 있다. 평강 공주 이야기에서 심리적인 측면에서 생각해볼 수 있는 것은, '바보 온달에게 시집을 보내겠다'는 아버지의 일종의 유기遺棄 협박과

'바보'(실제 '바보'였을 가능성은 희박해 보이지만)를 교육하고 키워 낼 수 있다는 구조(또는 구원) 환상과 같은 것들이다.

상처 입은 사람들끼리의 끌림

2020년 TV 드라마 중 최고의 화제작은 단연 〈부부의 세계〉일 것이다. 〈부부의 세계〉는 현대판 평강 공주와 바보 온달에 대한 이야기다. 평강 공주와 바보 온달 설화가 둘의 관계에 대한 이상적인 형태라면, 이러한 관계가 다소 병적으로 나타나는 경우가 드라마 속 인물인 지선우와 이태오에 해당할 것이다. 지선우는 가정의학과 의사로 고산이라는 지역의 큰 병원 부원장을 맡고 있다. 일이든 뭐든 완벽해서 흠잡을 곳이 없다. 흠잡을 곳이 없는 것이 흠이어서 오히려 친하다고 생각했던 주위 지인들에게 질투와 시기심을 불러일으키고 뒤통수를 크게 맞기도 한다. 지선우에 비하면 남편 이태오는 너무나도 변변치 못한 인물이다. 예술을 한답시고 지선우의 등골만 빼먹다가 결국 바람을 피우던 상대인 여다경을 임신시키기까지 한다. 겉보기에는 지선우의 선택이나 행동을 도저히 이해할 수 없다. 사정이나 정도의 차이는 있을 수 있겠지만, 현실 속에 지선우와 이태오 같은 커플들이 정말 많이 존재한다는 것도 세상살이의 아이러니 중 하나가 아닐까 싶다.

평강 공주와 지선우의 가장 큰 공통점 중 하나는 유기 불안과 그로 인한 트라우마를 깊이 경험했다는 점이다. 자아 기능이 어느 정도 성숙한 성인기가 아닌 어린 평강에게 '너 울면 내다 버린다(바보한테 보내버리겠다)'라는 말이 큰 의미 없이 흘려보낼 수 있는 말은 아니었을 것이다. 아이들은 말의 상징성, 즉 많은 경우에 말은 말일 뿐이지, 실제 세상에서 일어나지는 않을 수도 있다는 것을 충분히 이해하지 못할 때도 많다. 특히 성인이 된 후의 평강 공주가 그 말을 여전히 말 그대로 기억하고 있었던 것을 보면, 어렸을 때 어린 평강에게는 내다 버린다는 말이 트라우마가 되었을 가능성이 높다. 물론 성인이라고 해서 말의 상징성과 실제성을 완벽히 다 구분하는 것은 아니다. '말이 씨가 된다'는 속담은 나름 의미가 없는 것은 아니지만, 여기 지나치게 얽매여 있는 사람들은 말의 실제성에 구속되어 있는 셈이다.

이러한 유기에 대한 불안과 공포는 몇몇 동물들에게도 나타나지만 특히 인간의 모든 감정을 통틀어 가장 근원적인 감정일 것이다. 많은 설화나 민담, 신화, 문학, TV 드라마, 영화 등에서 버려진 아이가 다시 귀환하는 이야기들은 아마도 유기에 대한 불안을, 이러한 방식들을 통해 한 발짝 떨어져서 계속 재경험하고 극복하려는 심정의 발로라 생각된다.

프로이트는 인간의 불안을 심리 발달에 따라 몇 가지 단계로 구분했다. 사랑하는 대상의 직접적인 상실에 대한 불안, 중요한 대상으로부터의 사랑을 잃을 것에 대한 불안, 거세 불안으로 대표되는 신체 손상에 대한 불안, 그리고 내면의 초자아로부터 오는 불안 등이 그것이다.

그런데 지선우는 왜 이태오를 선택했을까.

첫 번째 이유는 버려짐에 대한 트라우마와 공포다.

지선우는 사춘기라는 인생에서 가장 예민한 시기에 부모를 잃었다. 그것도 아빠의 외도를 의심한 엄마가 고의적으로 낸 것으로 강하게 추정되는 교통사고를 통해서 말이다. 지선우는 한 순간에 버려진 아이가 되었다. 프로이트의 불안의 단계 면에서 생각해보면, 가장 근원적인 단계에 해당하는 사랑하는 대상의 직접적인 상실을 경험한 것이다. 이렇게 절대적인 유기 상태를 경험한 지선우로서는 어떠한 경우에도 자신을 떠나거나 버리지 않을 사람, 평생 자신만을 바라볼 사람이 필요했을 것이다. 영원히 자신만을 사랑해줄 사람처럼 보이는 이들은 그 이면을 보면 '만만한 사람'인 경우가 많다. 물론 다 그렇다는 것은 아니다. 하지만 실제 현실에서 많은 커플들이 의식적으로는 "나만 사랑해주고 바라봐줄 사람처럼 보였기 때문에 이 사람하고 결혼했어요"라고 하지만, 무의식으로 좀더 내려가서 상담을 진행하다 보면 "그때는 의식하지 못했지만 지금 돌아보면 절대 저를 떠날 것 같지 않은 만만한 사람을 선택했던 것 같기도 해요"라는 고백이 종종 나오곤 한다. 동시에 이러한 유기 공포는 완벽함에 대한 강박으로 이어지기도 한다. '버림받지 않으려면 너는 완벽하게 착한 아이여야 해'라는 마음의 공식은 매우 흔히 볼 수 있는 예이기도 하다.

두 번째 이유로는, 구조 환상을 들 수 있다.

사고로 부모를 잃은 지선우의 마음은 대단히 복잡했을 것이다. 그러한 상황에서 많은 이들이 종종 느끼는 감정 중 하나는 상대를 구조하지 못했다는 무력감 같은 것이다. 이유는 다르지만 어린 평강도 한없는 무력감 측면에서는 마찬가지였을 것이다. 상대와 내가 대등한 입장이라면 가볍게 흘려버렸을 얘기나 농담도 힘의 차이가 명확한 사이에서는 상처나 트라우마가 되는 경우가 많다. 이때 트라우마는 자존감의 손상에 결정적인 영향을 끼친다. 이러한 무력감이나 자존감의 손상은 반대로 스스로가 전지전능하다는 환상을 낳을 때도 있다. 이 전지전능 환상은 누군가를 내가 구조 또는 구원할 수 있다는, 돌볼 수 있는 힘이 있다는 것을 확인하려는 강박적인 소망으로 나타나곤 한다 (이것은 무의식적인 수준에서의 얘기다. 당사자의 의식 수준에서는 이러한 메커니즘을 못 느끼는 경우가 많다. 의식 수준에서 이를 느끼고 인식하기까지는 정신분석 상담을 통해 많은 시간이 필요하다).

무력감에 덧붙여 많은 경우 죄책감이 작용한다. 불가항력적인 트라우마 사건이 발생했을 때, 많은 이들, 특히 아이들의 공통적인 반응 중 하나는 문제의 원인을 자신에게서 찾는 것이다. 어린 지선우의 마음속에서 '내가 무언가를 잘못했기 때문에 부모한테, 또는 나한테 이런 일이 생긴 거야'라는 죄책감과 자책이 생겨나는 것이다. 이러한 맥락에서 지선우는 그토록 부모의 일에 대해 무기력했던 대신 이태오라는 인물을 대상으로 구조를 시행하고 있는 것이다. 어떤 면에서 지선우에게는 이태오 같은 사람이 필요했던 셈이다. 같은 극 중에서 민현서가 박인규로부터 쉽게 벗어나지 못하는 이유 중 하나도 같은 맥락이다. 민현서는 걸핏하면 자신을 폭행하는 박인규를 자신의 노력으로 변화시킬 수 있다고 믿고 있다. 그러나 이러한 생각은 말 그대로 '환상'일 뿐이다.

다른 한편에서는 구조의 대상에 대한 문제를 생각해볼 수도 있다. 표면적으로는 지선우가 구조 환상을 갖는 대상은 이태오로 보인다. 하지만 달리 생각해보면, 지선우는 자신을 끝까지 지키고 보호하지 못했던 부모 대신에 자신이 부모가 되고 이태오가 자신이 되는 역할 전이를 통해 이면에서는 스스로를 구조하고 있다고도 볼 수 있다.

모든 게 완벽하기를 원하는 마음의 뒤편

드라마 〈부부의 세계〉는 다음과 같은 지선우의 독백으로 시작한다.

"모든 게 완벽했다."

왜 그렇게 지선우는 완벽에 집착하는 것일까. 동시에 지선우는 '원리 원칙'에도 지나치게 집착한다. 심지어 자기 남편의 내연녀의 임신 중절 문제에 대해서도 산부인과 의사인 친구 설명숙에게 "안 돼, 불법이야"라며 단칼에 거절한다. 물론 윤리적으로나 법적으로 문제일 수 있다. 하지만 그 상황에서는 좀더 마음이 흔들리는 게 인지상정일 것이다. '완벽'을 넘어서 그녀는 완고하다. 많은 경우 어느 하나에 지나치게 집착하는 이면에는 그 반대의 것이 도사리고 있다고 생각해도 틀리지 않는다. 즉 완벽주의 이면에는 완벽하지 못함에 대한 두려움이나 불안이 있어서, 조금이라도 완벽하지 못한 자신을 용납하지 못하는 것이다.

그렇다면 다시, 지선우는 왜 완벽하지 못함에 대한 두려움이 있는 것일까. 이는 앞서 말한 어린 지선우가 느꼈을 죄책감과 관련이 있을 가능성이 높다. 사람의 마음, 특히 무의식 속에서는 세상에서 가능한 모든 것이 다 일어난다. 대표적인 예가 꿈이나 아이들의 놀이다. 꿈에서는 쉽게 누군가가 죽기도 하고 누구를 죽이기도 한다. 죽은 사람이 또 금세 살아서 돌아다니기도 한다. 어린아이들의 놀이에서도 마찬가지다.

프로이트는 이러한 내용들이 인간 본연의 마음을 반영한다고 보았다. 인간의 마음에는 사랑이나 미움만 단독으로 존재하지 않는다. '애증'이라는 말처럼 항상 서로 상반된 감정들이 함께 섞여 있게 마련이다. 성장 과정에서 이성과 인지, 윤리와 도덕 개념들이 발달하면서 그 공격적인 마음들을 억제하고 조절할 뿐이다. 아이들의 마음속에서 부모들은 사랑의 대상이기도 하고 증오의 대상이 될 때도 흔하다. 증오의 대상은 아이의 마음속에서 쉽게 죽고 또 살아난다. 아빠한테 혼나고 얼마든지 '아빠가 사라졌으면', '아빠가 죽어버렸으면' 하는 마음이 무의식 속에 쉽게 자리 잡을 수 있는 것이다.

부모의 큰 역할 중 하나는 아이들이 자신들의 마음속에 그런 '나쁜' 마음이 생기더라도 그게 그렇게 나쁜 일은 아니라는 것을 충분히 허용할 수 있도록 하는 것이다. 아이들이 부모의 속을 썩일 때 하늘이 무너질 것처럼 괴로워하거나 불안해하지 않고, 아이들에게 보복도 하지 않는 것이다. 별일 아닌 것에 지나치게 근심 걱정하는 부모는 아이에게는 정서적 울타리로 인식되기 어렵다. 아이는 부모의 근심 걱정까지 자신의 몫으로 생각하기 때문이다. 또한 과한 체벌을 포함해서 심한 처벌과 보복이 가해지는 경우도 마찬가지다.

그런데 아이들의 그러한 마음속 생각이나 바람이 환상으로 그치는 것이 아니라 정말로 현실에서 실현된다면 어떨까. 어떤 생각이 현실에서 이루어진다면, 엄청난 공포가 아닐까. 특히 공격성이 발달하는 시기 중 하나인 사춘기 시절 아이들의 마음속에는 자신 안에 있는 그러한 공격적인 마음이 현실에서 실현될지 모른다는 엄청난 공포와 불안이 잠재되어 있다. 그래서 지선우처럼, 부모가 갑자기 사고로 죽게 되는 경우 그 죄책감이 극대화될 수 있다. 이와 관련된 극단적인 예들은 강박증이나 조현병 환자들에게서 상당히 자주 그리고 쉽게 찾아볼 수 있다.

예를 들어 I는 보도블록을 걸을 때 선을 절대 밟지 말아야 하는 강박증이 있었다. 그는 아버지에 대한 적개심과 분노를 조절하기 힘들었는데, 보도블록의 선을 밟으면 무언가 좋지 않은 일이 일어나 아버지가 큰 병을 얻거나 갑자기 사망할 것 같은 불안에 휩싸이곤 했다. 아버지에 대한 분노가 자신의 마음속에 있다는 것은 느끼고 있었지만, 그게 아버지를 죽이고 싶은 마음과 관련이 있을 수 있다는 것을 I는 인지하지 못했다. 오히려 그는 아버지에 대한 분노와는 별개로, 종종 나이 든 아버지의 건강을 걱정하곤 했다. 이는 정신분석에서 '반동 형성'이라는 방어기제의 전형적인 예다. 마음 안에 허용되기 어려운 어떤 감정이나 생각이 생기면 정반대의 것으로 느끼게 하는 심리적인 기전이다.

자신이 입을 열어서 말 한마디라도 벙긋하는 날이면 이 지구나 우주에 종말이 올지도 모른다는 심한 공포로 인해 말을 한마디도 하지 않던 조현병 환자들도 종종 보았다. 이런 경우가 일반적인 사람들의 마음과 동떨어진 것처럼 보일 수도 있지만,

그렇지 않다는 건 우리 일상에서의 소소한 예들을 통해 상당히 자주 확인할 수 있다.

나는 어릴 때 생선구이를 먹다가 누군가에게 '어촌에서는 생선을 뒤집어서 먹으면 배가 뒤집어질 수도 있다고 해서 생선구이를 먹을 때 뒤집어서 먹지 않는다'라는 말을 들은 적이 있었다. 그런 어부들의 마음도 결국 마음속 생각과 마음 밖 현실에 대한 구분이 아주 명확하지는 않은 인간의 모습을 대변한다. 이렇게 무의식에서 분노나 화, 시기 등 여러 부정적인 감정이 충분히 허용되지 않는 상황이 되면, 그 사람은 자연스럽게 '애증'이 자기 마음 안에 얼마든지 있을 수 있다는 것을 감정적으로 깊이 받아들이기 어려워진다. '항상 옳고', '항상 좋은' 사람이 되어야 한다는 강박이 형성되는 것이다. 그런 면에서 지선우라는 이름 자체도 상당히 의미심장하다. 내게는 지선=至善(지극히 선함)으로 읽히는 이유다. 이렇게 지선우는 자신의 마음을 완벽하게 통제해야 한다.

이런 상황에서 강력한 초자아가 발동한다. 초자아는 기율이 내면화된 것이다. 초자아가 너무 강하면 내면 안에서 조금이라도 흐트러짐이나 방종을 용납하지 못한다. 이러한 초자아는 완벽주의와 그로 인한 완고함을 만들어낸다. 이렇게 초자아가 가혹해지면 삶의 여유를 찾을 수 없다. 심지어 작은 농담도 용납하지 못하는 경우도 많다.

《장미의 이름》은 중세 이탈리아 수도원에서 벌어지는 연쇄살인에 대한 소설이다. 명민한 수도사 윌리엄은 눈먼 수도사 호르헤가 웃음과 희극을 다룬 아리스토텔레스의 《시학》 제2권의 한쪽 귀퉁이에 독을 발라 이 책을 열람하는 사람들이 차례로 죽음을 맞이했다는 것을 밝혀낸다. 그에게 웃음과 희극은 신의 권위에 도전하는 불순한 것이기 때문이다. 그는 웃음이라고 하는 것은 허약함, 부패, 우리 육신의 어리석음을 드러내는 것에 지나지 않는다고 말한다. 농담은 타락한 상상력이 빚어낸 것이라고 생각한다. 그는 농담이 진실이 되는 것을 두려워한다. 중심의 개넘이 무너질 수 있다는 것이다.

어린아이들의 천진한 웃음을 생각해보라. 그 웃음은 부족함 없이 그저 자신이 있는 그 상태 그대로 충분히 자족적인 감정을 상징한다고 나는 생각한다. 반대로 호르헤는 초자아의 화신 같은 인물이다. 그에게는 이러한 자연스러운 감정이 철저하게 억압되고 관리되어야 할 불순한 것일 뿐이다.

단 하나의 균열로 무너지는 연약한 삶

아이러니하게도 지선우의 완벽한 세계에 균열을 알리는 것은 눈에 보일 듯 말 듯한 머리카락 한 올이다. 그런데 그 균열이 그렇게 작은 것이었을까. 애초부터 그 균열이라는 게 '티' 정도가 아니라 '대들보' 수준이 아니었을까. '지선'함이 눈을 완전히 가려 그 대들보를 티로 보이게 한 건 아니었을까.

50대 주부 J는 가정폭력의 희생자였다. 성장하는 동안 그녀의 집안은 하루도 조용한 날이 없었다. 아버지는 성공한 인텔리

였고, 밖에서는 '호인' 소리를 들었다. 모든 사람에게 친절했고 타인들 눈에는 그렇게 선한 사람이 없었다. 누구든 '법 없이도 살 사람'이라는 칭찬을 아끼지 않곤 했다. 그런 아버지가 퇴근할 때만 되면 온 집안은 공포에 휩싸이곤 했다. 조금이라도 거슬리는 것이 있으면 아버지는 화를 폭발시키곤 했는데, 그 화풀이 대상이 되는 건 주로 엄마였다. 주먹으로 맞고 발길질로 맞고 골프채로 맞았다. 의처증 증세도 있어서 엄마와 같이 외출했다가 지나가는 남자가 한순간이라도 엄마를 쳐다보면 집에 돌아와서 곤죽이 되도록 엄마를 때렸다. 지옥이 따로 없었다. 그런데도 엄마는 J에게 아빠가 얼마나 좋은 사람인지를 설명하고 타이르곤 했다. '엄마를 많이 때리기는 하지만 그래도 천성은 착한 사람'이라는 식이었다. J는 자주 혼란스러웠다. 동시에 아빠뿐만 아니라 아빠를 두둔하는 엄마가 밉기도 했고 그런 마음이 자신 안에 있다는 사실에 한없는 죄책감을 느꼈다.

J는 집안에서 도망치다시피 친구들보다 훨씬 이른 나이에 결

혼을 택했다. 그녀가 택한 남자는 그녀에게 지극정성이었다. 온갖 달콤한 말과 편지로 매일 그녀에게 구애를 했다. 그와 함께 있으면 J는 모든 것을 다 가진 기분이었다. 부모한테 받지 못한 모자란 사랑을 그에게서 보상받는 것 같았다. 그런데 J가 선택한 그 남자는 모든 면에서 J에 비해 너무 부족했다. 직업도 일정치 않았고, 술을 마시면 거칠어졌다. 그럼에도 술이 깬 다음 날엔 화가 나서 전화도 받지 않는 J의 직장이나 집 앞에 와서 몇 시간을 우두커니 기다리곤 했다. 그러고는 그녀가 화를 풀 때까지 밤이고 낮이고 몇 시간씩 무릎을 꿇고 눈물을 흘리며 용서를 빌곤 했다. 그녀의 친구들은 하나같이 J의 교제와 결혼을 말렸다.

그러나 J는 그런 측면은 누구든 있을 수 있는 '옥의 티'라고 생각했다. '괜찮아질 거야', '약간의 단점이 있지만 세상에서 나를 이렇게 사랑해주는 이는 이 사람 말고는 없어'라면서 말이다. 결국 그녀의 결혼 생활은 엄마처럼 남편의 폭력과 주사로 점철되었다. 엄마와는 다른 인생을 살겠다고 결심했지만 어느 순간부터 그녀의 삶은 엄마의 인생과 비슷한 패턴을 반복하고 있었다. 그녀는 남편을 떠나지 못했다. 아이가 어릴 때는 '조금만 더 크면', 대학 때는 '아이가 결혼만 하면' 하다가 세월이 갔다.

상담실에서 그녀를 봤을 때 그녀의 비극적인 상황을 해결하는 유일한 길은 이혼밖에 없어 보였다. 장성한 자녀들도 그녀에게 이혼을 권했다. 몇 회의 상담 결과, 그녀의 마음속에는 어릴 적 경험했던 유기 공포와 엄마를 구조하지 못했다는 자책과 함께 자신을 보호해주지 못했던 엄마에 대한 원망과 그에 따른 죄책감이 고스란히 남아 있는 것으로 보였다. 그러나 좀더 깊은 심층 상담을 권유했을 때 그녀는 굉장히 불안해했고 결국 상담을 이어가지 못하고 그만두었다.

안타까운 경우였지만 J와 같은 삶을 이어가는 사람들은 우리 주위에 여전히 많다. 쉽지는 않지만 명백한 해결책이 있음에도 결국 본인 마음의 어떤 두려움이 그 해결을 막고 있는 경우들 말이다. 물론 모든 가정폭력의 희생자들이 굴레를 벗어나지 못하는 이유가 J와 같은 것은 아니다. 심리적인 측면 외에 다른 이유들이 더 큰 경우도 많다. 하지만 J의 경우 남편을 떠난다는 것은 누군가를 구하지 못하고 다시 한번 철저한 무력감을 경험하는 것을 의미했다. 또한 남편을 떠나면 세상에서 홀로 남겨질 것 같은 두려움이 그녀가 해야 할 일을 하지 못하게 철저히 막았던 것이다.

4장

비로소
자유로울 것

'이렇게 사는 것이 맞는 걸까'라는 질문 앞에 섰을 때,

다가오는 불안감이 너무 크다면

정신분석의 문을 두드려볼 수도 있다.

혼자서 암흑 속을 탐색하는 대신,

누군가와 함께 갈 때 덜 힘들 수 있다.

나를 수용하기 위해 용기를 낸다면,

불안과 두려움은 사라질 것이다.

잃어버린 나를 찾기 위하여

대리아

.
.
.
.
.
.

나이에 맞지 않게 예의 바르고, 투정을 부리지 않는 아이들이 있다. 얌전하고 모범적인 그 아이들에게 우리는 '애어른 같다', '철들었다', '속이 깊다'는 말을 칭찬으로 사용한다. 모두가 그렇다고 말하기는 어렵지만, 그런 말을 듣는 아이들 중 상당수는 정신적으로 성숙했다기보다는 그 나이 대에 받아야 할 것들을 못 받고, 겪어야 할 것들을 못 겪은 경우가 많다. 그 결과 '애어른'들은 일종의 가면을 쓰고 어른 흉내를 낸다. 이는 일곱 살 아이가 그 진정한 의미를 충분히 깨닫지 못한 채 기계적으로 미적분 문제를 척척 풀어내는 것과도 같다.

어린 시절부터 타인에 대한 과도한 배려가 몸에 밴 '애어른'

은 적절하게 자기를 주장하는 방법을 배우지 못한다. 너무 일찍 자신의 욕구를 억압하는 데 익숙해져서 자신이 무엇을 원하는지도 모른 채 오래 방황하게 된다. 그렇게 속이 깊고 철이 든 것 같던 그들의 내면은 성장하지 못한 채 어린아이로 남아 있게 된다. 마음속에 남은 어린아이는 시간이 지난다고 사라지지 않는다. 그 아이는 10년, 20년 뒤에, 이제는 무자비한 채권자가 되어서 돌아온다. 게다가 이 채권자는 구체적으로 무엇을 내놓으라고 말하지도 않는다. 자신이 무엇을 원하는지 본인도 모르기 때문이다. 그는 그저 앞에 와서 우두커니 계속 내놓으라는 말만을 반복하면서 서 있다.

이 채권자가 무엇을 저당 잡고 있는지 모르는 이유는 크게 두 가지다. 하나는 어른스러운 가면을 쓰고 성장하는 동안 한 번도 진정으로 자신이 원하는 것이 무엇인지를 누군가와 함께 나누고 생각해본 경험이 없기 때문이다. 다른 이유는 자신의 내면 그대로, 경우에 따라서는 천진난만한 모습 그대로 받아들여지지 못했던 상처로 인해 스스로 가면을 벗지 않으려 노력해왔기 때문이다. 후자의 경우 불안이나 두려움과 관련된 경우가 많다. 마음에 있는 것들을 충분히 표현하면 타인에게 상처를 줄 것 같다는 불안이 흔한 예 중 하나가 될 것이다.

사랑받지 못해서 먼저 성장한 사람들

A는 요샛말로 '엄친딸'이었다. 세 살 어린 여동생이 있었고, 어릴 때부터 한 번도 부모 속을 썩인 적이 없었다. 누가 시키지 않아도 혼자서 악착같이 공부했고, 대학도 알아서 진학했다. 부모가 들볶지 않아도 남들 보기에 번듯한 전문직으로 일하고 있었다. 그녀는 부모의 자랑이었고, 일가친척이나 사촌들에게는 부러움의 대상이었다. 하지만 상담실에 찾아온 그녀의 모습은 많이 달랐다.

그녀는 심한 우울증과 폭식증에 시달리고 있었다. 게다가 자살 시도도 빈번했다. 힘든 상황이 분명한데도, 자신이 그러한 문제를 가지고 있다는 것 자체를 용납하지 못했다. 완벽을 추구하는 성격 때문에 직장에서는 늘 똑똑하고 일을 잘한다는 평가를 받았다. 하지만 내면은 조금이라도 실수하면 어쩌나 하는 불안이 가득했다. 그러다 보니 퇴근 후에도 마음이나 머릿속이 편할 수가 없었다. 머릿속에서 어떤 엔진이나 모터가 끝없이 돌아가고 있어서 낮이고 밤이고 시동이 꺼지지 않는 느낌이었다.

상담에서도 자신의 힘들고 어려운 면을 이야기하는 것을 힘들어했다. 그때마다 "내가 너무 나약한 것 같다"라는 말을 반복했다. 특히 연애 패턴에 대해 얘기하기까지 오랜 시간이 걸렸다.

그녀는 일반적인 미혼의 남성들에게 매력을 느끼기 힘들어했다. 그녀가 매력을 느끼거나 사귀는 사람은 애인이 있거나 아내가 있었다. 대부분 끝이 좋지 않았다. 그녀는 이러한 문제가 스스로를 계속 힘들게 한다는 것을 알았지만 몸이나 마음이 생각대로 움직여지지 않았다.

그녀가 초등학교 6학년 무렵, 아빠가 갑자기 쓰러졌다. 온 가족이 공황 상태에 빠졌다. 아빠가 죽지 않을까 하는 공포에 완전히 압도되어 아무 생각도 하지 못했다. 그녀가 기억하는 것은 그저 무서웠다는 것뿐. 엄마 역시 공포에 압도되어 어쩔 줄을 몰랐는데, A의 눈에 엄마는 제정신이 아닌 사람처럼 보였다. 엄마는 아빠에게 많이 의존하는 사람이었다. 가족의 기둥 같았던 아빠가 갑자기 쓰러지자, 엄마는 일상생활도 제대로 하지 못했다. 어린 A 역시 쓰러진 아빠로 인해 충격을 받았지만, 그녀를 보듬어주는 사람은 없었다. 그걸 바라는 건 일종의 사치였다.

당장 아침에 등교하는 일부터 숙제나 학교 공부까지 도와주던 엄마가 이제는 아무것도 하지 못하는 사람이 되었다. A에게 이차성징이 시작되어 혼란스러운 상황일 때도 이를 상의하고 말할 수 있는 사람이 없었다. 심지어 월경을 시작했는데도, 어떻게 해야 할지 배우지 못했다. 천만다행으로 몇 달 뒤에 아빠가 비교적 건강하게 퇴원했지만, 그 뒤로도 엄마의 극심한 불안은 상당 기간 이어졌다.

이후 A는 모든 것을 혼자 알아서 했다. 자기 혼자서 해내는 습관이 몸에 배었고, 자신이 부모에게 걱정을 끼쳐서는 안 된다는 어떤 강박이나 압박감이 내면에 자리 잡았다. 전과 달리 동생을 챙기는 것도 언니가 아니라 꼭 엄마가 아이를 돌보듯이 하게 되었다. 이러한 그녀의 행동 변화에 대해 부모는 오히려 칭찬했다. 칭찬받는 A가 어떤 마음으로 살아가는지 아무도 짐작하지 못했다.

자기 자신이 되지 못한다는 것

영어에 'be oneself'라는 표현이 있다. 영미권 화자들은 '편하게 행동하다', '자신감을 가지다' 등의 뜻으로 많이 사용한다. 하지만 영어가 모국어가 아닌 나에게는 글자 그대로의 의미가 크게 다가온다. '자기 자신이 된다.' 그런데 그 말은 어떤 의미일까. 어떤 조건 없이 자신의 현 상태를 그대로 편안하게 받아들인다는 뜻이 아닐까. 나는 이 말을 자신의 현재 모습을 가감 없이 받아들이는 태도라고 생각한다. 우리는 인간이기 때문에 부족한 부분이 있다. 그래서 부족한 부분은 좀더 보완하거나 발전시키기 위해 애쓰지만, 자신을 어떤 가혹한 잣대에 맞추어 몰아세우지는 않는 것, 그것이 바로 '자기 자신이 되는 것'이라고 이해하고 있다.

자기 자신이 되지 못하는 데에는 숱한 이유가 있다. 그중 하나는 A처럼 인생의 큰 상처가 될 만한 사건을 겪는 과정에서 본인이나 부모의 의도와 상관없이 안타깝게도 정서적인 측면이 충분히 잘 돌봐지지 않은 경우다. 거기에 덧붙여 많은 엄친딸, 엄친아들에게는 주위의 칭찬이 오히려 굴레로 작용한다. 부모나 주위의 기대에 부응하느라 스스로 충분히 만족스럽고 충만한 삶을 누리지 못하는 것이다. 시인 릴케나 화가 고흐처럼 좀 더 극적인 경우도 있다.

릴케가 태어나기 1년 반 전쯤, 그의 부모는 태어난 지 얼마 되지 않은 첫딸을 잃었다. 릴케의 엄마 소피는 그에게 여자아이의 옷을 입히고 여자아이처럼 키웠다. 아들을 부를 때도 '우리 꼬마 아가씨'라고 부르곤 했다. 어린 릴케가 엄마 앞에서 어떻게 행동하고 말해야 할지 단박에 알아차렸을 것은 불 보듯 뻔한 일이다. 그는 누가 시키지 않아도 스스로 여자 옷을 입기만을 고집했고 엄마한테 이렇게 말하곤 했다.

"라이너는 쓸모없는 아이예요. 제가 그 아이를 어디론가 보내버렸어요. 여자아이가 훨씬 나아요."

아직 큰아이의 죽음이 충분히 소화되지 않은 부모, 특히 엄마에게 릴케는 죽은 누나를 대신하는 일종의 '대리아' 또는 '대체아' 역할을 했던 것이다. 이런 대리아들의 '역할'은 부모가 사라진 아이에 대해 가졌던 꿈과 희망, 기대 등을 실현해주는 대체물이 되는 경우가 많다. 빈센트 반 고흐도 마찬가지였다. 그의 부모는 빈센트가 태어나기 일 년 전에 첫아들을 잃었다. 공교롭게도 죽은 첫아들과 빈센트는 생일이 같았다. 심지어 빈센트라는 이름도 죽은 큰아들의 이름을 다시 둘째 아들에게 붙여준 것이었다.

죽은 형의 이름을 그대로 물려받은 아이. 신발이나 옷을 물려 입는 것도 아니고 이름을 물려받은 아이의 정체성에 어떤 문제가 생길지 충분히 우려스러울 수밖에 없다. 결국 알려진 대로, 릴케는 심한 우울증을 오래 앓았고, 고흐는 모두가 아는 대로다.

우리는 모두 부모의 희망과 좌절, 부모가 자신의 부모와의 사이에서 영향을 받은 것들, 가계 내에 흐르는 어떤 감정선 등 수많은 것들을 모두 떠안고 삶을 시작한다. 이러한 면에서 생각해보면 우리 모두는 어느 정도는 부모나 가계의 대리아인 셈이다. 이를 뚫고 자신만의 고유한 정체성과 삶의 방식을 세워가는 것은 그만큼 쉽지 않고 큰 일이 될 수밖에 없다. 즉 우리 모두에게 삶의 시작부터 '자기 자신'으로 살기 위해서 상당한 과제가 주어지는 셈이다.

만족을 모르는 채권자의 귀환

B는 소위 '히키코모리'였다. 삶이 왠지 모르게 혼란스럽고 공허하다는 느낌으로 인해 부모와 함께 상담실을 찾았다. 학창 시절엔 공부도 잘했고, 대학도 남들이 부러워하는 학교를 졸업했다. 그는 인생에서 한 번도 자신이 어떤 결정을 내려본 적이 없었다. 늘 부모가 시키는 대로, 부모가 바라는 것을 해왔었다. 대학에 들어갈 때 학교와 전공도 본인이 원하던 것이 아니었다. 부모가 원했던 학교 중 한 곳을 선택했고, 전공도 '점수'에 맞춰서 고른 것뿐이었다.

과외와 학원을 오가며 누군가 짚어주는 것만 따라가다 보니, 대학 학과 공부는 더 힘들어졌다. 대인 관계도 쉽지 않다. 당장 동아리나 선후배 관계에서 어떻게 해야 할지 구체적으로 지시해주는 사람이 없었기 때문이다. 다른 한편으로 늘 자신의 인생은 '특별'해야 한다는 느낌을 받았지만, 자신의 인생을 특별하게 만드는 점이 무엇인지 본인도 구체적으로 잘 알지 못했다. 특별한 점에 대해 이야기를 나눌 때 대화는 주로 이렇게 흘렀다.

"선생님처럼 의사가 되면 특별할 것 같아요."

"그러면 만족스러울 것 같으신가요?"

"그런데 또 생각해보니 의사가 된다고 해서 제가 만족을 할지 잘 모르겠네요. 지금 제 직장이나 하고 있는 일에 대해서 부럽다는 사람들이 많으니까요."

B는 늘 비교당하며 살아왔다. 어릴 때는 형이나 동네 또래 아이들과, 중고등학교 때는 부모 친구 아들이나 딸들과 비교를 당했다. 학업 성적이나 공부만이 아니었다. 식성, 성격 등 거의 모든 면에서 그랬다. 입맛이 없어 밥을 적게 먹으면 깨작깨작 먹는다는 말을 들었고, 다른 아이들에 비해 소극적이라는 잔소리를 들었다. 열심히 공부해도 누군가와 비교하는 말은 멈추지 않았다. 정작 B가 남들이 말하는 '엄친아'였음에도 말이다.

대학을 졸업한 후 그는 본격적으로 히키코모리 생활을 시작했다. 부모 집에 얹혀살면서 아무 일도 하지 않았다. 가끔 잔소리하는 부모와 크게 싸울 때 외에는 자기 방에서도 거의 나오지 않았다. 대부분의 시간을 게임이나 인터넷 서핑으로 소일했다. 그러다 가끔 미칠 듯한 공허감이 밀려왔다.

늙어가는 부모는 여전히 둘째 아들을 먹이고 입히고 걱정하는 일로 노년의 많은 시간을 소모했다. 이러한 지나친 비교나 과한 잔소리도 'be oneself' 하지 못하도록 만드는 대표적인 이유가 된다. 비교와 잔소리에는 '너는 틀렸어'라는 메시지가 담겨 있다. 따라서 그 말을 듣는 아이는 마음속에서 '나는 잘못되었기에, 나 자신으로 살면 안 된다'는 결론을 내릴 수밖에 없다.

애초에 프로이트는 억압된 어떤 심리적 갈등이나 문제가 결국에는 돌아오며 그것이 바로 증상이라고 했다. A의 경우처럼 필요할 때 적절히 다루어지지 않은 자연스러운 욕구들이나 심리적 문제들(예를 들어, 결핍감, 분노, 좌절감, 수치심, 죄책감 등)이 무의식에 억압되면, 일종의 풍선 효과처럼 결국에는 어떤 방식으로든 돌아오게 된다.

무의식에 억압된 것들이 증상이라는 채권자로 돌아올 때는 애초에 당사자가 느꼈던 감정 그대로 의식에 올라오지 않는다. 우울감처럼 스스로를 처벌하고 공격하는 형태가 되거나, 각종 신체 증상 등으로 변형된 방식으로 돌아온다. A처럼 돌아온 그 채권자(증상)를 오롯이 혼자 감내하는 경우도 있다. 때로는 B처럼 자신의 삶을 망가뜨리는 동시에 부모에게 채권자 노릇을 하게 되는 경우도 있다.

또 정서적인 문제는 두드러지지 않은 채 신체 증상으로만 나타나는 경우도 있다. 특히 정서적인 측면이 거의 완벽하게 억압되어서 사라진 것처럼 보이는 경우에 더욱 그렇다.

대기업 임원이었던 중년의 C는 모든 게 완벽해 보였다. 몇 년 전부터 발생한 '어질어질'한 느낌이 최근에 심해졌다는 사실만 빼고는 말이다. C는 어지러움으로 인한 불편감만 견디기 어려워했던 것이 아니다. 오히려 그보다는 자신의 몸이 통제가 안

된다는 것에 적잖이 당혹해했다. 내과나 한의원 등을 전전하면서 수차례 정신과 진료를 권유받았지만, 자신이 상담이나 정신과 약물을 복용해야 된다는 것을 받아들이지 못했다. 그런 권유는 자신의 의지가 약해서 듣는 것이라고 생각했다. 동시에 자신의 마음이나 인생에 대한 통제력을 잃을 것 같은 막연한 불안감에 휩싸이곤 했다.

그런 불안감조차도 당혹스러웠다. 그 사실 자체가 본인이 통제할 수 없는 무언가가 자신 안에 있다는 뜻이었으니까. 그는 매우 지적인 사람이어서 자신의 상태나 현재에 대해 조리 있게 설명했다. 하지만 그와의 대화는 잘 정리된 책을 읽는 느낌이었다. 감정선이 잘 드러나지 않았다. 사실과 감정 중에 감정 부분만을 따로 떼어 억압하는 '감정 고립'이라는 심리적 방어기제가 두드러졌다.

C는 슬픔도 고통도 기쁨도 잘 느끼지 못했다. 오랫동안 어떤 감정이든지 마음 깊은 곳에서부터 억압하고 차단해버리고 모든 일에 이성적인 방식으로 접근해왔기 때문이다. 그의 가정은 매우 독실한 기독교 집안이었다. 모태신앙이었고, 부모 모두 모범생처럼 살아온 분들이었다.

어릴 때의 C는 상당한 개구쟁이였다. 말도 많은 데다 어른들이 보기에 정말 별것 아닌 일로 웃고 울고 떠들었다. 부모는 그런 C를 도저히 이해할 수 없었다. 어린아이들이 자연스럽게 시작하는 과하지 않은 장난 수준의 거짓말도 그냥 넘어가는 법이 없었다. 중학교 1학년 때 그가 자위를 시작했다는 것을 안 부모는, 그가 마귀에 들렸다며 땅이 꺼져라 한숨을 쉬고, 걱정하고, 밤낮으로 기도했다. 이후 장난기 많고 개구쟁이였던 C는 지나치게 진중하고 사려 깊고 이성에 집착하는 소년으로 변화하기 시작했다. 부모는 아이가 이제야 철이 든다며 안심했다.

C는 성장하면서 자신의 모든 정서적 문제를 거의 완전히 해결하고 통제했다고 생각했다. 하지만 이렇게 감정적으로 완벽에 가까울 정도의 통제와 억제를 해도 마음 안에 가라앉아 있는 것들이 사라지지는 않는다. 고통을 잘 느끼지 못하게 된 대가로 그는 즐거움을 비롯한 다른 많은 감정들도 함께 느끼기가 어려워졌다. 그의 어지러움은 결국 억눌린 감정들이 신체 증상으로 돌아온 것이었다.

잃어버린 나를 찾아서

우리 마음이나 무의식에 대해 생각할 때면 내 마음속에는 화산의 이미지가 떠오르곤 한다. 어떤 문제가 이미 발생한 상황은 화산이 분출하는 것으로 생각해볼 수 있을 것이다. 그러나 증상이나 문제가 표면에 드러나지 않는다고 해서 사화산이라고 말할 수 있을 것인가.

우리 모두는 사실 휴화산 같은 존재다. 분출하지 않고 고요해 보일지라도 그 분화구 한참 아래 어딘가에는 거대한 마그마가 꿈틀거리고 있다. 그 마그마가 자연스럽게 일정 정도 식지 않는한, 언제든 폭발하거나 분출할 가능성이 늘 있는 것이다.

애도를 통해 자기 무의식에 대한 탐색의 여정을 충분히 거친 다고 해서 휴화산이 사화산이 되지는 않는다. 사화산은 말 그대로 죽음의 상태일 것이다. 우리는 모두 일정 정도의 욕망과 갈등과 결핍 속에서 살아간다. 대신 그러한 문제들이 어떤 식으로 내 안에 존재하는지, 의식의 생각과 감정, 행동, 대인 관계, 삶의 패턴에 어떤 식으로 영향을 미치는지를 충분히 아는 것이 중요하다. 상황에 따라 화산은 분출할 수밖에 없다. 다만 예고 없는 격렬한 화산 폭발은 주변에 막대한 피해를 끼친다. 정신분석의 과정은 이러한 내면의 탐색을 통해 적절한 시점에 적절한 방식으로 우리의 욕망과 감정과 생각을 표현하거나 조절하는 법을 익혀가는 과정이라고 볼 수 있다.

우리는 나 자신이 되기보다 부모의 욕망과 기대가 투영된 엄친딸이나 엄친아가 되기를 강요받아왔다. 나를 억누르고, 내 감정을 숨기는 것을 미덕으로 알면서 살아왔다. 욕망과 감정을 날 것 그대로 폭발시키는 것과 언어로 표현하는 것은 분명히 다르다. 예를 들어 화를 눌러 담지 말고 '터트려야' 마음이 편해진다고 믿는 사람들을 만나게 된다. 또한 화를 내는 것과 화를 표현하는 것을 같은 것으로 알고 있는 경우도 많다. 하지만 화난다고 애꿎은 대상에게 화풀이를 쉽게 하는 사람들의 내면은 대개 메마르고 황폐하다. 필요할 때는 화를 내는 것도 필요하지만, 더 중요한 것은 화를 언어로 '표현'하는 것이다.

정신분석의 지향점 중 하나는 나의 이러한 내면을 상황과 때에 맞추어 적절한 언어적 방식으로 '표현'하는 것을 체득하는 것이다. 나에게 어떤 생각과 감정이 있다고 말해야 상대도 우리가 무엇을 원하고, 얼마나 들어줄 수 있는지, 혹은 그 과정에서 어떤 것들을 염두에 두어야 하는지 배울 수 있다. 그런데 그 과정이 생략되면 자신의 욕망과 생각은 마음 깊숙한 곳에 억눌려진다. 한번도 언어화되지 못했던 욕망과 생각은 표현해본 적이 없기에 어떻게 말해야 할지도 알지 못한다.

욕망은 원하는 것이다. 우리가 원한다는 것은 일종의 결핍을 인식하는 것이기도 하다. 우리의 마음은 받아야 했던 사랑, 채우지 못했던 욕망을 빚으로 생각한다. 받을 빚이 있어서 돌아온 것들이 채권자가 되는 것이다. 애도의 마지막은 수용이다. 수용은 있는 그대로의 나를 받아들인다는 의미다. 지금 내 마음에 채권자가 있다면, 이제는 볼 수 있어야 한다.

우리는 이제 성장했다. 무력했던 어린 시절에는 어쩔 수 없이 억눌렸지만, 이번에도 돌려보낼 수는 없다. 프로이트가 말했듯 억압된 것들은 시간이 흐른다고 사라지지 않는다. 감정을 억누르고 모른 척한다고 없어지지 않는다. 애도의 과정을 생략한다고 해서 상실했다는 사실이 사라지지 않는 것처럼.

이제 어떤 것들이 눌려 있는지, 어떠한 과정을 통해 왜 눌려 있는지를 차근차근 알아갈 필요가 있다. 우리는 왜 순수하고 천진했던 그 마음을 버리고, 가면을 쓰기 시작했을까. 가면을 쓰지 않으면 어떻게 될까. 가면을 벗고 내 본연의 모습을 보이는 것이 왜 어려울까. 어쩌면 가면이 피부처럼 붙어버려서 떼려고 해도 뗄 수 없는 상황일지도 모른다. 내 본연의 모습이란 대체 어떤 것일까. 어떻게 하면 '나 자신이 될' 수 있을 것인가. 애도는 이러한 질문들에 대답해가는 것이다.

정신분석가 도널드 위니콧은 그런 가면의 모습이 자기도 모르는 사이에 실제 얼굴 피부와 구분이 어려워진 채 살아가는 상태를 '거짓자기false self'라고 명명했다. 또한 자기 본연의 모습을 잃지 않으면서 타인과의 관계에서 조화롭고, 어떤 일을 하든 외부적인 평가나 시선에 압도되지 않고 자신만의 고유하고 충만한 삶을 사는 모습을 '참자기true self'라 했다. 너무 오랫동안 가면에 익숙해졌기에 우리는 가면을 벗는다는 사실 자체에 불안해한다. 경우에 따라 실제 피부를 벗겨내는 것 같은 통증을 느끼거나 그럴 것 같은 두려움이 지레 들기도 한다.

애도가 쉽지 않은 이유가 여기에 있다. 상실한 것들을 돌려보내기 위해 우선 자신이 외면하고 싶었던 채권자의 이야기를 들어야 하기 때문이다. 그 이야기를 듣기 위해 애도를 시작할 때, 다가오는 불안, 두려움, 공포는 우리를 멈칫거리게 만든다.

'이렇게 사는 것이 맞는 걸까'라는 질문 앞에 섰을 때, 다가오는 불안감이 너무 크다면 정신분석의 문을 두드려볼 수도 있다. 혼자서 암흑 속을 탐색하는 대신, 누군가와 함께 갈 때 덜 힘들 수 있다. 나를 수용하기 위해 용기를 낸다면, 불안과 두려움은 사라질 것이다.

마음속의 '가드' 내리기

통제감

애도의 마지막 단계는 '수용'이다. 수용은 삶에서의 상실을 자연스러우며, 어쩔 수 없는 것으로 받아들이는 것이다. 다시 말하면 수용은 내가 통제할 수 있는 것들에 집중하고, 내가 통제할 수 없는 현실을 받아들이는 과정을 통해 불안을 줄이고, 현실을 살아갈 힘을 얻는 것이다. 결코 쉽지 않다. 우리는 자신이 통제할 수 없는 원인에 공포를 느끼고, 그 결과에 대해 불안해하기 때문이다. 상처받은 나 자신을 받아들이기 위해 우리는 불안과 공포라는 마주하기 싫은 감정들을 마주해야 한다.

우리가 정말 두려워하는 것, 통제감 상실

30대 후반의 과장 D는 최근 사무실에서 심한 스트레스를 겪었다. 경기가 계속 좋지 않은 데다 성과 압박이 심했는데, 성격이 변덕스러운 부장은 경영진으로부터 질책을 받고 나면 D를 비롯한 직원들에게 화풀이를 해댔다. 그중에서도 성격이 예민하고 다른 사람의 인정에 유독 민감한 D는 다른 직원들보다 스트레스가 더 심했다.

그날도 부장에게 심한 질책을 당한 후 늦게까지 회사에 남아 야근을 하다가 자정이 가까워서야 퇴근했다. 심한 피로감 속에서 지하철을 기다리던 순간, 그는 갑자기 몸속 깊은 어딘가에서 뜨거운 기운이 올라오는 것을 느꼈다. 1분 또는 2분 남짓이었을 것이다. 심장이 터질 것처럼 방망이질을 하기 시작했다. 난생처음 경험하는 느낌이었다.

온몸에 식은땀이 흐르고 숨이 턱 막히면서 순간적으로 정신을 잃을지도 모른다는 극심한 불안이 엄습했다. 그 자리에서 바닥에 주저앉아 주위 사람들의 도움을 청했고, 누군가가 구급차를 불러 대학병원 응급실에 실려 가게 되었다. 급하게 각종 검사를 하고 링거액을 맞은 후 검사 결과를 기다리는 동안, 거짓말처럼 그 모든 증상이 씻은 듯이 사라졌다.

그 '난리'를 치른 것이 두 시간도 채 지나지 않았는데, 대체 무슨 일이 자신에게 일어났는지 이해할 수 없었다. 하지만 정신을 잃을지도 모른다는 그 불안은 너무도 생생했다. 그는 또 자신에게 비슷한 일이 일어나지 않을까 계속 두려웠다. 응급실에서 퇴원한 다음에도 여러 병원을 전전하며 검사를 반복했지만, 이상이 없다는 말만 들었다.

D의 문제는 전형적인 공황장애였다. 공황장애의 가장 큰 특징 중 하나는 신체적인 건강상의 문제가 발생하지 않았음에도 정신줄을 놓을 것 같은 불안이나 쓰러져서 죽을 것 같은 두려움이 엄습하는 것이다. 공황장애의 핵심 병리이자 이 질환을 앓고 있는 사람들을 괴롭히는 가장 중요한 문제는 자신의 신체나 마음에 대해 통제를 잃을 것 같은 불안이다. 자기 통제감 상실에 대한 불안이 왜 이토록 사람을 고통스럽게 만드는 것일까.

통제감은 아마도 인간이 가지고 있는 가장 근본적인 욕구가 아닐까. 몸과 마음의 발달 과정에서 통제에 대한 감각은 생애 이른 시기부터 시작된다. 바로 배변 훈련이 주된 발달 과제가 되는 대략 만 1세 반에서 3세 정도까지의 시기다. 프로이트는 이 시기를 항문기라 명명했다.

이 시기에 아이들은 자신의 몸(즉 괄약근)을 통해 무언가를 조절하고 통제하는 것에 대한 원형적인 느낌과 감각을 익히게 된다. 상황이나 타인의 요구에 쫓겨서 스트레스가 심할 때 종종 '똥줄 탄다'라고 말하듯이, 이때 새겨지는 몸의 감각과 신체 기능은 우리의 심리 기저에 중요한 영향을 미친다.

'몸'은 신체적인 동시에 매우 심리적인 것이다. 심리적인 발달의 기저에 신체적인 구조나 기능이 지대한 영향을 미치는 현상에 대해 프로이트는 '심리적 자아 이전에 신체적 자아가 선행한다'라고 표현했다. 그는 인간의 마음이라는 것이 기본적으로 신체와 정신이 마주치는 접점에서 생겨난다고 생각했다.

배변 훈련을 비롯해서 항문기에 일어나는 일들은 성격 형성에도 많은 영향을 준다. 이때 지나치게 통제하려는 욕구가 발달하면 강박적이거나 융통성이 없고 인색한 성격 등으로 이어진다. 이 시기에 서기, 걷기 등 이동이 가능해지면서 생애 최초로 자율성과 독립을 경험하게 된다. 동시에 배변 훈련을 둘러싸고 부모와 같은 주 양육자와의 투쟁과 갈등이 시작되는 시기이기도 하다.

통제감과 관련된 꿈들은 사람들에게 보편적으로 비슷하게 나타난다. 운전과 관련된 꿈, 무언가 같은 것을 계속 반복하는데도 실패하는 꿈, 중력이 소실되는 상황과 관련된 꿈 등이 흔하다. 꿈에 보편적인 성격이 있다고 해서 똑같이 해석할 수 있다는 것은 아니다. 같은 꿈이라 하더라도 각자에게 갖는 의미는 개별적인 상담과 분석을 통해서만 좀더 명확해질 수 있다.

통제감은 배변 훈련부터 시작해서 신체의 움직임이나 거동 또는 이동과도 직결되는 문제다. 또한 상황에 대한 통제감은 생존과 관련이 될 수밖에 없고, 관계에서의 통제감 역시 정신 건강에 직접적으로 영향을 줄 수밖에 없다. 따라서 통제감과 관련된 느낌은 인간 발달에서 가장 원초적인 것이다. 이로 인해 통제감은 스트레스를 비롯해서 사람의 심리나 행동에 지대한 영향을 미친다. 상황의 애매모호함이나 불확실성이 사람에게 심한 스트레스를 유발하는 가장 중요한 특성임은 잘 알려져 있다.

'좋은 놈, 나쁜 놈, 이상한 놈' 중에 '이상한 놈'이 우리에게 가장 스트레스를 심하게 주는 요인이다. '웃어야 할지 울어야 할지 모르겠다'라는 표현 역시 애매모호함에 대한 우리의 심리적 반응을 잘 나타내는 말이다. 이러한 상황들 모두 통제감의 상실과 직결된다.

우울증으로 진료실에 와서 "제가 무슨 병인가요?"라고 묻는 이들이 종종 있다. 공황장애처럼 자신의 몸과 마음에 일어나는 일들에 대해 너무나 혼란스러워서 묻기도 한다. 우울증처럼 느끼는 증상 자체가 진단이 되어 굳이 진단명을 붙이는 것이 큰 의미가 없는 경우도 많다. 말하자면 본인이 우울하고 마음이 고통스러운 것이 중요하고 의미가 있는 것이지, 우울증이냐 아니냐의 진단이 그다지 중요하지 않은 경우가 종종 있다는 것이다. 그럼에도 어떤 이들에게 '우울증입니다'라는 명시적 표현이나 진단이 중요하게 느껴지는 때가 자주 있다. 이는 진단이나 이름을 붙여서 부를 때 상황을 좀더 통제하고 있다는 느낌을 받기 때문일 것이다.

아니라는 걸 알면서도 자꾸 반복할 때

통제감과 관련된 심리 및 행동에서의 문제들은 공황장애뿐만 아니라 여러 형태로 나타난다.

서른 중반의 주부 E는 오늘도 인터넷과 홈쇼핑으로 물건들을 주문했다. 소소한 욕실 물품부터 음식과 아이 옷까지 종류는 가리지 않고 다양했다. 그렇다고 고가의 물건들을 주문하는 것도 아니었다. 문제는 주문한 것들 대부분이 꼭 필요한 물건이 아닌데다, 품질도 그리 좋지 않아서 반품되거나 한 번도 쓰이지 않고 구석에 처박히는 경우가 많았다는 것이다.

그렇게 쇼핑한 물건들은 작은 방 하나를 거의 다 채울 정도였다. 그녀는 그 방문을 열기가 두려웠다. 매일같이 더 이상 주문하지 않겠다고 결심하지만 어느 순간 손가락은 이미 주문 버튼을 클릭하고 있었다. 그래도 주문할 때만큼은 만성적인 공허감이나 우울감을 잠시나마 잊을 수 있었다. 자신에게 선물을 주는 것과도 같았다. 반대로 물건이 도착하면 실망감과 후회가 밀려왔고, '정신을 좀 차려야지' 하며 반품이 가능한 물건들은 바로 반품했다.

그녀의 아버지는 누구에게나 '사람 좋다'라는 평을 받는 사람이었으나 그만큼 현실적으로 무능했다. 빚보증을 쉽게 서줬다가 오랫동안 온 가족이 고생한 적도 있었다. 결국 주부였던 엄마가 보험일 등을 하면서 집안의 생계를 유지했다. 이런 상황에서 장녀인 그녀는 어떤 것이든 자신의 마음속에 있는 것들을 표현하거나 바람 등을 얘기할 수 없었다.

그녀가 원하는 것들이 절대 받아들여지지 않을 것이라고 지레 생각하고 모든 욕구를 스스로 억누르는 데 익숙해져 있었다. 그녀의 쇼핑 중독은 여러 측면이 있겠지만, 통제감의 측면에서 살펴볼 수 있다. 쇼핑할 때는 통제감을 일시적으로 상실하고, 반품할 때는 다시 통제감을 획득한다는 심리적 경험을 반복하고 있었다. 이는 그녀의 인생에서 자신이 의지대로 통제할 수 있는 것이 거의 없었던 경험과 밀접한 관련이 있었다.

영화 〈이보다 더 좋을 순 없다〉의 주인공 멜빈 유달은 강박증을 앓고 있는 작가다. 그에게는 보도블럭 사이의 틈은 절대 밟아선 안 되고, 사람들과 부딪혀서도 안 된다는 강박증 규칙이 있다. 그렇기에 그가 걸을 때면 조심조심, 뒤뚱거리며 이상한 걸음걸이를 연출하게 되는 것이다. 식당에 가서도 위생과 관련된 불안으로 인해 직접 가져온 플라스틱 나이프와 포크만 쓴다.

강박증은 통제감과 관련된 가장 대표적인 질환 중 하나일 것이다. 나는 어떤 경우든 과도한 문제가 나타난다면, 내담자가 그 문제에 대해 자신이 뭔가 부족하다고 생각하기 때문이라고 믿는다. 이를테면 강박증처럼 통제감에 대해 집착하는 문제가 드러났다고 생각해보자. 그 원인은 통제감에 대한 자신감이 부족하고, 통제감 상실에 대한 불안이 깔려 있기 때문이라고 보는 것이다. 이 영화에서는 유달이 외부의 문제들(보도블럭의 틈, 위생 등)을 통제하는 것처럼 보이지만, 핵심은 외부가 아니다. 그의 뒤뚱거리는 걸음, 플라스틱 나이프와 포크는 결국 유달 내면의 감정들이나 타인들과의 관계에 대한 통제의 노력을 보여주는 것이다.

보이지 않는 것들에 대한 통제를 눈에 보이는 외부 대상에 대한 통제로 바꾸어 나타내는 것이 강박증의 핵심적인 심리 역동이다. 이러한 불안을 줄여줄 수 있는 것은 통제하지 않아도 괜찮고 안전하다는 느낌이다. 이 영화에서 상당히 흥미로운 점 중 하나는 유달이 자신만의 불안과 통제의 세계에서 조금씩 스스로의 갑옷을 벗게 되는 계기가 사람이 아닌 이웃집 강아지와의 관계로부터 시작된다는 것이다. 도널드 위니콧은 이러한 대상을 '이행 대상transitional object'이라고 불렀다. 아이가 이 낯설고 험한 세상에 태어나 부모의 전적인 도움과 영향 아래 있다가 조금씩 독립하고 스스로의 세계를 창조해가며, 새롭고 낯선 대상과의 관계를 맺어가는 데 필요한 모든 중간 매개체가 이행 대상이 될 수 있다. 혼자 자기를 시도하는 아이들이 불안과 두려움을 줄이기 위해 엄마나 아빠 대신 인형을 이용한다든가, 엄마의 냄새가 밴 어릴 적 베개를 계속 버리지 않고 보관한다든가 하는 것들이 대표적인 예다.

이행 대상은 낯선 상황이나 대상과의 관계에서 낯섦이 주는 통제감의 어려움이나 상실감을 좀더 줄여주고, 단계적으로 통제감 획득의 느낌을 주는 기능을 수행한다. 이 영화 속 설정에서는 강아지가 유달의 불안감을 단계적으로 낮추는 데 도움을 주는 존재로 표현되고 있다. 이행 대상의 관점에서 상담이나 상담가는 중요한 이행 공간, 이행 대상의 의미를 가지고 있다.

모든 아이들에게 부모는 일종의 '스파링' 상대다. 낯설고 거친 세상에 나아가기 전에 충분한 지지와 적절한 좌절, 갈등과 타협, 협력과 경쟁 등 인간사에서 필요한 모든 측면들을 부모와의 관계에서 일정 정도 경험해야 한다. 이런 면에서, 부모나 가정은 일종의 이행 대상과 이행 공간으로 작용한다. 그럼에도 여러 이유로 이러한 과정이 충분치 않거나 트라우마로 이어지는 경우가 많다.

나를 내려놓을 때 만나는 진짜 자유

트라우마의 큰 특성 중 하나가 바로 통제감의 상실이다. 이러한 면에서 치료적인 관계는 상대적으로 안전한 이행 공간과 이행 대상으로 기능해서 충분한 통제감을 회복할 수 있도록 기능한다. 그럼에도 상담실에서조차 편안함을 느끼지 못하고 통제감의 상실에 대한 불안이 크게 드러나는 경우가 종종 있다. 통제감 상실에 대한 두려움을 쉽게 볼 수 있는 경우가 정신분석에서 말하는 소위 '자유 연상'이나 침묵의 시간들이다.

자유 연상은 말 그대로 상담실에 왔을 때 마음속에 떠오르는 생각이나 느낌, 이미지 등 모든 것들을 최대한 통제하지 않고, 떠오르고 흘러가는 대로 바라보며 있는 그대로 표현해서 상담가와 그 의미를 같이 탐색하는 것이다. 통상적인 45분의 회기는 전적으로 내담자의 시간이며, 온전히 내담자를 위한 시간이기 때문이다.

굳이 떠오르는 게 없다면 굳이 말하지 않고 계속 침묵해도 좋다. 오히려 경우에 따라 침묵이 백 마디 말보다 더 의미가 있을 수도 있기 때문이다. 그런데 이렇게 '흘러가는 대로' 생각하고 표현하는 것에 상당한 불안과 어려움을 겪는 이들이 많다. 상담가가 주제를 정해주거나 무언가 방향을 계속 정해서 질문해줄 것을 요구하는 경우도 많다. 이런 양상이 심해져서 어떤 경우에는 상담이 과연 내담자를 위한 것인지 상담가를 위한 것인지 헷갈리기도 한다.

이런 일은 대개 마음 흘러가는 대로 두었을 때 무언가 자신이 통제할 수 없는 상황이 벌어질 것 같은 불안 때문에 벌어진다. 사람의 마음 안에 있는 것들은 대개 애초부터 우리의 의지로 통제되지 않는다. 특히 자신의 마음을 잘 통제해왔다고 느끼는 사람의 경우 오히려 상담실에서 이러한 두려움을 더 크게 느끼곤 한다.

상담실에서 통제감에 대한 내면의 태도를 엿볼 수 있는 다른 경우는 침묵의 시간이다. 사람의 마음이란 게 공장의 컨베이어벨트처럼 쉴 새 없이 무언가를 만들어내는 기계가 아님에도 침묵의 시간을 유달리 견디기 힘들어하는 내담자들이 있다. 침묵의 시간은 어쩌면 자기 내면의 소리에 좀더 귀를 잘 기울일 수 있는 시간일 수도 있다.

그런데 상담 중에 침묵이 생기면 오히려 상담가가 자신에 대해 어떻게 생각할까, 자신을 싫어하지 않을까, 뭐라도 말을 해야 하지 않을까라는 생각이 들면서 '말하지 않는 것=생산적이지 않은 것, 시간을 버리는 것'으로 여기는 경우도 있다. 무언가 말을 해야 한다는 압박을 계속 받는 것이다. 좀더 상담을 진행해본 결과, 침묵이 지속되면 자기 내면의 어떤 어두운 측면들이 수면 위로 올라와 상담가와의 관계를 망치고 파괴할 것 같은, 그리고 이러한 과정을 자신이 통제하지 못할 것 같은 두려움이 자리하고 있을 때가 많다.

또한 상담 중에 시간을 잘 배분하고 통제해야 할 것 같은 압박을 받는 경우도 많다. 상담 시간을 자신을 위한 시간으로 충분히 누리기보다는 계속해서 무슨 말을 해야 할지를 고민하고, 상담 시간을 계속 모니터링하면서, 어쩌면 상담가가 해야 될 시간 배분의 역할까지 도맡아서 하게 되는 것이다. 그 시간 내에 다 끝내지 못한 얘기는 필요하면 다음 시간에 얼마든지 이어서 할 수 있는데도 말이다.

우리 삶에서 시간은 가장 대표적인 통제의 수단이자 대상이다. 상담에서의 시간 통제에 대한 욕구는 상담 자체나 상담가와의 관계에 대한 통제 욕구에 다름 아니다. 부모와의 관계에서 많은 통제나 상실을 경험한 이들에게 통제의 상실은 곧 버려짐을 의미하는 경우도 많다. 자신이 시간을, 상담자와의 관계를 통제하지 않으면 또 다른 버려짐을 당할 것이라는 공포를 느끼는 것은 어쩌면 그다지 이상한 일이 아닐 수도 있다.

그래서 상담이 거의 끝날 시간이 가까워지면 남은 시간 동안 입을 다물거나 실제 하고 싶은 얘기보다는 그저 남은 시간을 채우기 위해 대충 상담을 진행하는 내담자들도 많다. 그 시간을 누가 끝내는가 하는 통제의 문제가 중요한 이슈가 되는 것이다. 이렇게 되면 자신이 비용을 지불하는 상담인데도 과연 누구를 위한 상담인가라는 물음이 제기될 수밖에 없다. 통제감의 획득을 위해 자신의 살을 일부 깎는 희생을 하는 것이다. 반대로 생각하면, 그만큼 통제감과 관련된 어떤 트라우마가 크다는 의미일 것이다.

상담은 수영을 배우거나 파도를 타는 것과 비슷한 과정이라는 느낌을 받을 때가 많다. 물 위에 뜨는 가장 좋은 방법은 물과 자신의 몸을 통제하려 애쓰지 않고 물이나 코치에게 몸을 맡기는 것이다. 통제를 할수록 본인이 의도한 방향과는 반대로 갈 것이다.

정신분석 상담은 어쩌면 자신의 내면과 몸, 외부 세계에 대한 진정한 통제감을 배우는 과정일 수도 있다. 이는 자신의 '가드'를 풀고 상담가에게 자신의 마음을 충분히 맡기면서 함께 자신의 내면 안에 파도치고 있는 생각, 느낌, 기억, 이미지 등에 충분히 귀를 기울이는 것이다. 통제를 버리면서 진정한 통제감을 익혀가는 역설적인 과정인 것이다.

잠시 숨을 고를 수 있는 곳 찾기

연결과 단절

2017년 화제가 되었던 소설 《82년생 김지영》의 주인공은 다른 인격체들에 빙의하여 자신의 감정을 쏟아낸다. 일시적으로 다른 이의 인격이 생각하고 말하고 행동하는 것 같은 증상을 보인 후 기억을 하지 못하는 것이다. 소설 속 주인공과 같은 증상에 대해 정신의학에서는 해리성 정체성 장애라고 부르는데, 이는 유병률 1퍼센트 미만의 희귀한 질환이다. '해리dissociation 증상'은 말 그대로 자아 정체성에 문제가 생기는 것이다.

자아 정체성은 스스로 생각하는 확고한 자기 자신에 대한 상이다. 자신에 대한 고정관념이라기보다는 다른 가치체계에 의해 쉽게 흔들리지 않는다는 뜻으로 봐야 한다. 무엇을 먹을 때

기쁘고, 어디에 있을 때 마음이 편하며, 누구를 만나고 함께할 때 행복하다는 나만의 기준이라고 할 수 있다. 더 확산하면 유일한 내 삶을 어떻게 채워가고 싶은지에 대한 나만의 생각이다.

그런데 자아 정체성을 유지하기는 쉽지 않다. 당장 사회적인 요구가 있다. 엄친딸, 엄친아까지는 아니더라도 부모님에게 자랑스러운 자식이어야 한다. 또한 좋은 엄마나 아빠, 혹은 유능한 직원의 역할을 요구받으며 살아간다. 물론 이에 대한 노력이 나쁜 것은 아니지만, 사회가 요구하는 것들에 몰입하다 보면 사회적 성취가 나의 성취이자 나의 자아 정체성이라고 착각하며 살아가게 된다.

이 과정에서 많은 이들이 자신의 내적 상태와의 연결이 끊어진 채로 삶을 살아간다. 그 연결이 끊어져 있다는 것도, 어떤 과정을 거쳐서 왜 연결이 끊어졌는지도 인식하지 못한 채로 말이다.

'나' 자신보다 중요한 나의 역할

50대 초반의 미국인 사업가 F는 영어로 '우머나이저womanizer'라고 표현되는, 소위 바람둥이였다. 몇 년 전 암으로 사망한 아버지는 매사에 불평불만이었고, 아들인 F를 비롯해 모든 가족들에게 비판적이었다.

그의 형은 심한 주의력결핍과잉행동장애ADHD에다 아스퍼거
증후군(사회성이 심하게 결여된 자폐의 일종), 분노 조절 장애 등
여러 문제가 많았다.

F는 어릴 때부터 형에게 많이 맞았다. 사춘기에 체격이 형보
다 커지면서 형이 더 이상 두렵지는 않았다. 하지만 형이 때릴
때 물리적으로 맞대응을 하면 자신 안에 잠재된 공격성이 완전
히 통제를 벗어날 것 같은 두려움에 늘 참기만 했다.

형에 대해 다른 가족들에게 불만을 얘기하면 돌아오는 말은
하나였다. "그냥 놔두고 피해라. 형이 아파서 그래."

F는 조용했고, 순했으며, 자신의 말을 하기보다는 주로 듣는
편이었다. 집안의 모든 사람은 불행해 보였고, 어린 F는 이 집안
의 불행한 모든 이들의 말을 들어주는 중재자 또는 상담자 역할
을 했다. 최소한 F 입장에서는 그렇게 느꼈다는 뜻이다.

그는 할머니의 모든 말을 그저 다 받아주는 착한 손자였고,
아버지의 신경질적인 반응에도 짜증 내지 않는 좋은 아들이었
으며, 매사에 근심 걱정이 많은 엄마의 든든한 아들이었다. 또한
학교에서 왕따 당하고 동네에서 놀림감이 되던 형의 보호자이
기도 했다.

그는 오랫동안 '누구의 무엇'이었다. 아무도 F가 어떤 생각을

하고 어떤 마음을 가지고 있는지, 관심을 기울여준 적이 없었다. 성인이 된 그는 많은 여자들을 만났다. 그는 늘 '강한' 남자여야만 하고, 여성을 성적으로 만족시켜야 한다는 압박감을 가지고 있었다. 그러나 그런 만남도 늘 잠시뿐이었다.

F는 누군가를 만나고 있는 동안에도 계속 다른 여성을 만났다. 한 여성을 오래 만나지 못했다. 그런데 어느 누구를 만나도 그는 '사랑'이라는 감정이 무엇인지 알 수 없었다. 한 여자 친구가 어느 날 물었다. "당신 나 사랑해?" 그는 대답했다. "아니." 그렇게 그는 스스로를 계속 외롭게 만들면서도 정작 자신을 외롭게 하는 사람이 자신이라는 사실을 몰랐다.

심지어 그는 '외로움'이라는 감정 자체도 느낄 수 없었다. 그에게 사랑이란 잡히면 달아나야 되고, 달아나서 숨으면 누군가가 자신을 찾아줘야 하는 숨바꼭질 같은 일종의 '게임'이었다. 하지만 그런 숨바꼭질을 계속하고 있다는 것 자체가 그의 내면에 누군가와 연결되고 싶은 간절한 마음이 있다는 반증이기도 했다. 이러한 연결을 원하는 느낌은 인간이 가진 가장 근본적인 욕구들 중 하나가 아닐까 싶다. 이러한 욕구를 극적으로 보여주는 실화를 바탕으로 한 영화가 있다.

흔들리는 나를 잡는 최초의 연결

10대의 고등학생 프랭크는 천부적인 사기꾼이다. 전학을 간 학교에서 첫 일주일간 교사 행세를 하고, 비행기 조종사로 위장해 공짜로 비행기를 타고 다니기도 한다. 세계 곳곳을 돌아다니며 수백만 달러 이상의 위조 수표를 쓰기도 한다. 이미 프랭크의 아버지는 파산했고, 엄마는 아버지의 친구와 외도를 했으며, 부모는 이혼했다. 프랭크는 세상에 홀로 남은 셈이었다. 물리적으로도 그렇지만 정서적으로도 단절되어 있음을 단적으로 보여주는 대사가 있다. 위조 수표 사기꾼이 되어, 백만장자가 된 프랭크는 아버지에게 말한다.

"그만두라고 말해주세요."

"너는 그만두지 못할 거야."

그에게는 나쁜 짓을 해도 말리거나 꾸짖어줄 사람이 없다. 오히려 그의 아버지는 프랭크를 자랑스러워하기까지 한다. 〈캐치 미 이프 유 캔〉이라는 이 영화의 제목은 그래서 '잡을 수 있으면 잡아보라지'가 아니라 '나를 잡아주세요'라는 간절한 호소로 들린다. 사기꾼인 프랭크와 FBI 수사관인 칼의 관계 역시 숨바꼭질 놀이 양상을 띤다. 숨바꼭질의 가장 기본적인 규칙은 술래가 잡는 것을 포기하지 말아야 놀이가 중단되지 않는다는 것이다.

칼은 프랭크를 절대 포기하지 않는다. 이 둘의 관계가 영화를 이끄는 중요한 특징이다. 프랭크를 뒤쫓는 FBI 수사관 칼에게 크리스마스이브에 전화가 걸려온다. 프랭크와 칼이 가느다란 전화선으로 연결되는 장면은 상당히 상징적이다. 광막한 우주 공간에 혼자 남겨진 것 같은 프랭크에게 이 전화선은 흡사 아이를 엄마와 연결하는 생명선인 탯줄을 연상시킨다. 칼은 프랭크에게 연민을 느낀다. 그리고 감옥이 아닌 연방정부에서 위조 수표 전문가로 일할 수 있도록 주선해주고, 인간적인 신뢰를 직접 느낄 수 있도록 돕는다. 결국 또 다른 탈출 기회가 왔음에도 프랭크는 도망가지 않고 돌아온다.

칼과 연결된 전화선. 칼은 프랭크에게 세상으로 연결되는 거의 유일한 통로였다. 이 연결을 통해 프랭크의 삶은 드디어 바뀌고, 그는 위조 수표 감별 전문가로 새 인생을 살아가게 된다.

소아과 의사 출신의 저명한 정신분석가였던 도널드 위니컷은 '세상에 아기 같은 건 없다'라고 말했다. 어린아이가 엄마나 부모와 분리되어 존재할 수 없음을 강조한 말이다. 부모와의 물리적·정서적 태초의 연결이 긴 인생을 살아가는 데 가장 기초가 된다.

동시에 이러한 연결감에는 충분한 독립성과 자율성, 심리적 영역의 보장이 담보되어야 한다. 숨바꼭질에서 '꼭꼭 숨어라'라고 해놓고 찾지 않는다면 게임은 성사되지 않는다. 술래가 사라지는 연결 해제, 다시 말해 디스커넥션disconnection도 문제지만, 가장 중요한 것은 '숨을 곳'을 찾을 시간과 공간 역시 충분히 보장되어야만 한다는 것이다.

유년 시절 충분한 연결의 경험은 이후에도 사는 동안 여러 분야에서 다양한 방식으로 삶의 충족감을 느끼는 데 원형이 된다. 이 경험이 타인과의 관계에서 정서적인 교감을 주고받고, 잘 어울리면서 살아가는 경험에 영향을 준다는 건 너무나 당연하다. 종교나 문학, 예술 작품 등에서 느낄 수 있는 대상과 하나가 되는 일체감이나 한없는 감동을 느끼는 힘에도 관여한다.

1927년 작가 로망 롤랑은 프로이트에게 보낸 편지에서 종교적인 일체감과 환희의 느낌에 대해 말하고 이를 프로이트의 심리적 고찰에 포함시켜줄 것을 요청한다. 롤랑은 이러한 종교적 일체감의 순간에 대해 '대양감oceanic feeling'이라고 명명했다. 롤랑이 보낸 편지의 해당 구절은 이렇다.

"나는 당신이 '자발적인 종교적 정서', 좀더 정확히는 종교적인 '느낌'에 대해 정신분석학적 고찰을 해주었으면 합니다. 말하자면 영원성 또는 대양ocean처럼 어떤 한계가 지워지지 않는 그런 느낌에 대해 말입니다."

프로이트는 이러한 대양감이 아기가 태어나서 자신에게 한없는 만족감을 주는 엄마의 젖과 심리적·물리적으로 분리가 안

되는 상태, 즉 경계가 없는 상태에 대한 느낌에서 기원한다고 했다. 이러한 일체감은 아기 입장에서 좌절을 겪고(예를 들어, 배가 고플 때 젖이 충분히 채워지지 않는다든가) 자신과 타인의 구분과 경계의 느낌이 생기면서 줄어들거나 사라진다. 종교적인 일체감의 순간이나 문학 또는 예술을 감상할 때 느끼게 되는 절정의 느낌들은 아마도 이러한 생애 최초의 감각과 경험들에 연결될 것이다.

윤대녕의 소설들은 작은 우연, 인간적인 결점, 오해 등으로 인해 단절과 상실을 경험한 주인공들이 여러 어려움 끝에 어느 찰나의 순간 또는 어떤 계기로 다시 연결성의 회복을 경험하는 감동적인 장면들을 잘 보여주고 있다. 그의 단편 소설 〈대설주의보〉는 일상 속 어느 남녀에 대한 이야기다.

연인이었던 남자와 여자는 오해로 인해 헤어진다. 남자는 잡지에 프리랜서로 글을 기고하는 중년이 되었고, 여자는 속초에서 약국을 운영하면서 행복하지 않은 생활을 영위하고 있다. 이들의 재회는 계속된 일상의 사건들 때문에 좌절되다가 10년 만에 대설주의보가 내린 산사 어귀에서 감격적으로 이루어진다.

이들의 삶이 실제 현실에서 재현된다면 어떤 것이 될지는 알수 없다. 그저 옛 추억을 간직하고, 오해를 풀고, 오랜 이별 끝에 잠시 재회의 순간을 마음 한편에 담아둔 채 상대를 진정으로 떠나보낼 수 있을지, 아니면 막장의 새로운 시작일지 아무도 모른다. 현실 윤리의 측면은 뒤로하고, 소설적 장치 속에서만 생각을 해보자. 그러면 이들의 연결은 감동적으로 다가온다. 이러한 대상이나 세계와의 연결에서 오는 감동의 여운은 이 소설의 첫 구절에서 엿볼 수 있다.

"늘 그리워하지 않아도 언젠가 서로를 다시 찾게 되고, 그때마다 헤어지는 것조차 무의미한 관계가 있다."

충만한 경험이 공포가 되지 않도록

F는 상담자와의 관계에서도 그가 여성들과 반복했던 관계의 양상을 비슷하게 반복했다. 상담이 진행되고 좀더 가까워지는 느낌이 들면 다시 몇 회는 연락 없이 상담에 빠졌다. 상담가는 F와 숨바꼭질을 하는 느낌이 들곤 했다. 물론 숨바꼭질 놀이보다는 감정 소모가 훨씬 큰 과정이었다. 이에 대해 그의 마음을 같이 이해해보려 노력하던 어느 날, 그는 도널드 위니컷이 인용한 타고르의 시구 하나를 말했다.

"무한한 세상의 바닷가에서, 아이들은 논다On the seashore of endless worlds, children play."

이 구절에 대해 묻자, 그는 아마도 위니컷의 애초 인용 의도와는 정반대의 맥락, 다시 말해 무한함이 주는 압도적인 감각과 무한한 세계 속으로 빨려 들어갈지도 모른다는 공포, 그리고 놀고 있는 아이들의 외로움에 대해 얘기했다. 그는 대양감에서 오는 순수하고 충만된 경험을 그대로 느끼지 못하고 대양에 빠져서 질식되고 사라지는 공포를 느꼈던 것이다. 그 순간 상담가는 이 느낌이 그가 어린 시절 가족들로부터 느꼈던 무한한 책임의 무게, 깊이를 알 수 없는 자기 내면의 공격성과 같은 충동, 눈에 보이지 않는 상담가와의 관계 속에 빨려 들어갈 것 같은 두려움과 관련이 있다는 것을 느꼈다.

동시에 이러한 공포에서 벗어나기 위해 그가 숨바꼭질을 하면서 대가로 치러야 했던 외로움에 대해 생각했다. 상담가는 이러한 자신의 느낌을 이용해서 아마도 상담 안에서, 그리고 상담가와의 관계 속에서 F가 이러한 느낌을 느끼지 않았을까 한다고 조심스럽게 말했다. 잠시 후 F는 눈물을 흘리기 시작했다. 오랫동안 깊이 쌓인 공포와 외로움이 흘러나오는 듯한 눈물이었다.

상담가와 F, 그리고 F와 F의 내면 깊은 곳에 자리하고 있던 어떤 것들이 하나로 연결되는 순간이었다. 이후로도 크고 작은 어려움들이 있었지만, 그는 상담가와의 관계에서 자신이 도움받을 수 있는 기회를 스스로 제한하던 숨바꼭질을 중단했다.

정도만 다를 뿐, 모든 이들의 내면에는 어떤 단절이 존재한다. 그리고 내면과의 단절은 자기 자신과의 관계뿐만 아니라 외부 세계, 중요한 대상들과의 관계에서도 일정 정도의 단절을 만들어낸다. 이런 단절이 심해지면 자기 자신의 본연의 욕구나 감정, 마음 상태를 스스로 허용하기가 어려울 수밖에 없다. 단절된 부분들끼리 갈등이 발생할 수밖에 없으며, 이러한 상태에서 삶을 충만한 경험으로 살기는 어렵다.

스스로의 삶이 충만하지 못한 사람이 외부 세계나, 타인과의 관계에서 충만한 경험을 할 리 만무할 것이다. 정신분석은 이러한 단절이 어떤 원인에 의해, 어떻게 발생해서 현재의 마음과 행동 그리고 관계에 어떤 영향을 미치게 되었는지를 내담자와 함께 알아가고 해결 방법을 찾아보는 작업이다. 그리고 이러한 과정은 상담가와의 관계에서 충분히 안전한 느낌과 신뢰가 형성되어야만 가능할 것이다.

시인 서정주는 이렇게 말했다. '아조 할 수 없이 되면 고향을 생각한다.' 여기서 고향은 물리적 장소이기도 하지만, 동시에 스스로와 가장 근원적이고 안정적인 커넥션의 느낌을 가질 수 있는 어떤 심리적 공간에 대한 은유일 것이다. 상담 과정은 어쩌면 이러한 심리적 고향의 역할을 해줄 수 있는 무언가를 발견하거나 만드는 작업의 하나일 수 있다.

〈대설주의보〉가 실린 동명의 소설집에 대한 해제에서 평론가 신형철은 이 소설집의 극적인 순간들을 일상에서의 '범속한 구원'이라 명명한다. 이때의 '구원'이란 재림과 부활, 또는 해탈 같은 거창한 것이 아니다. 우리의 일상에서, 우리 삶을 충만하게 해주는 상상력의 세계에서 잠깐씩 만나는 자기 내면, 세계, 그리고 타인과의 커넥션의 순간들일 것이다.

리셋이 아닌 리페어의 삶

마주하기

:
:
:
:
:

"저는 제 인생을 리셋reset하고 다시 시작하고 싶어요. 최소한 제 인생이 뜻대로 풀리지 않기 시작했던 고2 때 이후의 삶이라도 다 지우고 새로 시작했으면 좋겠어요. 그러면 좀더 공부를 열심히 해서 원하는 대학에 갔을 거예요. 제가 선택한 이 직업도 과연 정말 원했던 것인지 잘 모르겠습니다. 의대를 가서 의사가 되었으면 어땠을까. 아니면 법대를 가서 고시를 했으면 어땠을까. 저희 부모님은 그렇게까지 뒷받침할 경제적 여력도 없었고, 많이 배우신 분들이 아니었기 때문에 제가 진로를 결정할 때 제대로 된 조언을 해주실 수도 없었어요. 결혼도 마찬가지고요. 아내와의 결혼을 후회하는 건 아니지만, 그렇다고 과연 내가 정말로 사랑하는 사람과 살고 있는지를 스스로에게 물으면, 글쎄요, 잘 모르겠습니다."

상담 초반 40대 중반의 G가 했던 말이다. 컴퓨터를 '리셋'하듯 삶을 초기화하고 싶은 소망은 상담실에서 종종 듣게 된다. 심지어 자살 욕구가 강한 환자들 중에도 인생을 리셋하고 싶어하는 소망이 작용하는 경우가 종종 있다. "그냥 제 삶을 다 깨끗이 지우고 싶었어요. 그러고 나면 뭔가 새로 시작할 수 있지 않을까. 그 외에는 방법이 없을 것처럼 느껴졌어요." 모두 알다시피 (최소한 이성적으로는), 리셋은 현실적으로 가능한 방법이 아니다.

더 간단한 리셋, 왜 문제일까

큰 트라우마의 생존자나 우울증 환자를 비롯해서 많은 이들이 '그때 이랬어야 되는데' 하면서 과거에 대한 집착에서 벗어나기 힘들어하는 경우를 종종 보게 된다. 성수대교 붕괴 사고에서 살아남은 생존자들 중에는 '엄마가 일어나라고 할 때 바로 일어나서 집을 나왔으면 그 일을 당하지 않았을 텐데'라고 자책한 학생들이 많았다. 비단 학생들뿐이었으랴. 자신의 인생을 뒤흔든 트라우마를 겪게 되면, 많은 이들이 시간을 계속 과거로 돌려가면서 후회하고 자책한다.

이렇듯 리셋의 소망은 생각보다 매우 흔하다. 인생 전체를 리셋하고 싶다는 수준까지는 아니지만 심기일전을 외치며 머리를 미는 경우도 리셋의 소망에 해당한다. 좀더 전문적으로 말하자면, 실제로는 마음의 문제지만 구체적인 외부의 어떤 것으로 치환해서 생각하거나 나타내는 경우를 외현화externalization라는 방어기제라고 부르기도 한다(마음은 이해하겠으나 머리카락이 무슨 죄가 있을까). 영화 〈백 투 더 퓨처〉를 비롯해서 타임머신과 관련된 많은 영화들도 결국 이러한 리셋의 소망을 판타지 속에서 구현한 예들이라 할 수 있다.

영화 〈건축학개론〉은 삶의 트라우마나 상처를 해결하려는 태도에 있어, 리셋과 리페어repair의 의미를 잘 보여준다.

헤어지고 약 15년 정도가 지난 어느 날, 서연이 건축사로 일하는 승민을 갑자기 찾아온다. 그러고는 다짜고짜 15년 전에 승민이 자신에게 집을 지어주기로 했다며 집을 설계해줄 것을 요구한다. 정신분석에서 집은 종종 인간의 자아나 내면을 상징한다. 이 영화에서도 집은 오래전에 상처를 입은 주인공들의 마음과 삶을 나타내는 것으로 보인다. 승민은 간단한 해결책을 제시한다. 폐가로 남아 있던 서연의 옛집을 밀고 새집을 짓는 것이다. 옛집을 무너뜨리고 새집을 짓는 것은 리셋을 의미한다.

승민이 가져온 새집의 설계도를 본 서연은 중얼거린다. "뭔가 낯설어." 서연은 옛집을 그대로 두고 리모델링을 하기를 원한다. 이는 리셋이 아니라 리페어를 의미한다. 한동안 승민과 서연은 집의 설계 방식을 두고 갈등을 빚는다. 승민은 옛집을 허물고 새집을 짓는 것이 깔끔하다고 생각한다. 그래서 리페어를 원하는 서연의 태도를 도저히 이해할 수 없다. 그러던 어느 날, 승민에게 작은 사건이 벌어진다.

대학 시절 선배에게서 술 취한 서연을 지켜주지 못하고, 지질하게 앞으로 나서지도 못했던 자괴감으로 화풀이를 하느라 버렸던 '게우스GEUSS' 티를 엄마가 입고 있는 것을 발견한 것이다. 새 옷으로 바꾸지 않고 그 헌옷을 다시 입은 엄마의 방식도 넓은 의미에서는 '리페어'에 해당한다. 늙어가는 엄마가 자신이 버린 게우스 티를 입고 있는 것을 본 순간 승민의 마음속에서는 변화가 일어난다.

저녁 식사 후 심란해진 그는 대문 앞에 나가 계속 담배만 피운다. 그러다 문득, 그 옛날 티셔츠를 던지고 밖으로 나가며 발길로 차는 바람에 망가졌던 대문의 틀어진 귀퉁이를 발견한다. 어느 시점부터는 부모와 따로 떨어져 살았다고 하더라도, 자신이 자랐고 오랫동안 살았던 집의 틀어진 귀퉁이를 이제야 본 것이다. 여전히 엄마가 사는 집의, 귀퉁이가 틀어진 대문을 최소한

10년 넘게 들락거렸을 텐데, 과연 그간에는 그걸 보지 못했을까. 분명 수도 없이 봤을 것이다. 그런데 15년 만에, 이제야 눈에 들어온 것이다.

이와 비슷한 현상은 상담실에서도 종종 일어난다. 내담자들은 한 달에 한 번이나 두 달에 한 번이 아닌, 매주 상담을 받는다. 그런데 계속 그 자리에 있었던 상담실의 어떤 가구나 액자나 기념품을 새삼스럽게 발견하는 일이 생각보다 흔히 일어난다. 숨은 물건을 발견하는 것이 아니라, 원래 잘 보이는 자리에 있었는데도 말이다.

"아, 여기 이런 게 있었네요. 이거 최근에 사신 건가요?"

"아니요. 오래전부터 그 자리에 그대로 있었던 겁니다."

"아, 정말요? 진짜요? 몰랐어요. 정말 몰랐어요. 이런 게 계속 있었는데 왜 그간 발견을 못 했었는지 모르겠네요."

이와 관련된 이유로 크게 두 가지 정도를 생각해볼 수 있다. 하나는 증상이나 내면의 구속으로부터 자유로워지고 조금씩 시야가 넓어지면서 발생한 것이다. 이는 이전에 어떤 심리적 문제에 매여서 자신의 주변을 돌아볼 여유가 별로 없었기 때문이다. 비단 사물에 대해서뿐만 아니라, 내면에 여유가 생기면서 주위 사람들이 어떤 마음인지, 상대의 입장은 어떨지에 대해 좀더 돌아보게 되는 측면과 맥을 같이한다. 두 번째로는, 심리적 방어기제가 작용해서 바로 눈앞에 있는데도 인지하지 못하도록 막는 것이다. 10년 넘게 대문의 뒤틀림이 눈에 띄었을 텐데도 승민이 한 번도 제대로 보지 못했던 것도 이런 이유에 기인했을 가능성이 크다.

대문의 뒤틀림은 성숙하지 못했던 시절의 승민을 비춰주는 거울과 같다. 이를 바라보고 인지하는 것 자체가 고통스럽고 수치스러운 감정을 불러일으키기에 충분했을 것이다. 그래서 마음의 한 부분에서는 이를 보지 못하게 하는 심리적 방어기제를 작동시킨다. 실제 거기 있는데도 불구하고 전혀 보지 못하게 하는 이러한 방어기세를 '부정'이라고 한다.

부정은 주변에서 많이 볼 수 있다. 미국의 트럼프 전 대통령이 유세장에서 "검사를 많이 할수록 코로나 환자 케이스가 늘어납니다. 우리는 검사 속도를 늦추어야 합니다. 검사 속도를 늦추면 환자 케이스도 줄어듭니다"라고 말한 게 전형적인 부정에 해당한다. 트럼프 전 대통령의 사례는 다소 극단적이지만, 자신은 별 문제 없이 잘 살고 있다고 느끼는 많은 사람들조차 종종 이러한 방어기제를 사용하기도 한다.

있는 그대로의 나를 수용하는 리페어

대문의 뒤틀림을 '발견'한 승민은 울면서 이를 고친다. 그 울음의 의미는 무엇이었을까. 나는 그 울음을 오래전 자신과 화해하면서 흘리는 눈물이라고 생각했다. 승민은 오랫동안 자기 내면의 상처를 응시하지 못하고, 있는 그대로의 자기 모습을 허용하지 못했다. 오래된 과거를 대면하지 못한 채 팽팽한 긴장 속에 있다가, 자신을 받아들이면서 그간의 긴장이 해소된 것이다.

대문의 뒤틀림을 고치고(리페어) 난 후에야 승민은 서연의 리모델링(리페어) 요구를 이해할 수 있게 된다. 자신이 겪었던 내적 어려움을 좀더 이해하고 스스로에게 좀더 너그러워지면서, 타인의 마음과 욕구를 상대의 입장에서 이해할 수 있게 된 것이다.

〈건축학개론〉은 리페어의 의미를 잘 보여준다. 모든 것을 처음부터 새로 시작하고 싶다는 리셋은 물리적으로도 불가능하다. 게다가 우리는 자신의 삶을 볼 때 당장은 나쁜 것들만 눈에 띄겠지만, 생각해보면 좋은 점들도 많았을 것이다. 리셋은 아쉽고 안타까운 것들을 다시 채우기 위해 지나온 시간 동안 나에게 쌓인 좋은 점과 생각들까지 한꺼번에 삭제하는 것이다.

아무리 아픈 상처나 트라우마라고 해도 리페어를 통해 삶에서 얼마든지 전화위복이 될 수 있다는 것, 같은 상황이더라도 이를 대하는 마음의 태도에 변화가 생기면 결과는 완전히 달라질 수 있다는 것. 달라질 뿐만 아니라 리페어 이후 아름답게 바뀔 수도 있다. 후반부의 한 장면은 리페어의 소중함을 '콘크리트 연못'을 통해 보여준다. 승민과 서연이 답사 차 제주도에 있는 서연의 옛집을 찾았을 때, 비어 있는 콘트리트 연못에 흉한 발자국이 찍혀 있는 것을 발견한다.

서연이 말한다. "다 굳기도 전에 밟아서 엄청 울었는데." 어린 서연도, 그 집을 지을 당시의 어른들도 콘크리트를 새로 덮어 흉한 발자국을 없애고 싶지 않았을까. 만약 어린 서연이 굳기 전에 밟았던 콘크리트를 밀어버렸더라면 과연 작은 아이 발자국이 찍힌, 세상에 하나밖에 없는 너무나도 앙증맞고 귀여운 연못이 탄생할 수 있었을까. 이는 오직 리셋이 아닌 리페어를 통해서만 가능한 것이었다. 콘크리트 연못은 지금 우리가 논의하는 주제에 대해 많은 시사점을 준다.

사람도 마찬가지다. 모든 사람은 장점과 단점을 함께 가진다. 많은 사람들이 이 둘을 분리해서 생각하지만, 우리에게 장점과 단점은 서로 분리되어 존재하지 않는다. 상황에 따라 한 가지 특성이 장점이 될 수도 있고 단점으로 작용할 수도 있다. 예민하고 소심한 사람들은 성격을 단점이라 생각하지만, 예민함과 소심함은 꼼꼼하고 세심한 태도의 다른 이름이 되기도 한다. 낙

천성과 긍정주의를 추앙하는 세상에서 살고 있지만, 다르게 보면 그 태도는 신중하지 못함과 사려 깊지 못함이 될 수도 있다. 따라서 각자가 느끼는 단점만을 완전히 제거하기란 거의 불가능에 가깝다. 이는 하나의 몸이 두 개의 머리에 연결되어 있는 샴쌍둥이의 머리 하나를 아무 대책 없이 잘라버리는 것과 마찬가지이기 때문이다.

게다가 리셋은 어떤 면에서는 공격적인 양상을 내포하고 있다. 이러한 공격성은 자신의 상황이나 부모, 스스로의 모습 등에 대한 실망과 환멸에서 오는 좌절에 대한 반응으로 볼 수 있다. 앞서 말한 것처럼, 리셋의 소망이 극단적으로 나타난 것이 자살이다. 리셋의 '소망'이라는 동전의 앞면 뒤에는 내 뜻대로 되지 않는 상황에 대한 좌절감과 분노, 공격성이 담겨 있다. 그 공격성을 스스로에게 향하게 하면 결국 자신을 공격하는 결과가 발생한다. 우울증, 자해, 자살 등이 모두 이러한 스스로에 대한 공격의 결과다.

우울증의 기저에 자리 잡은 심리적 역동을 리셋에 대한 소망 하나만으로 설명하기는 어렵다. 그렇지만 많은 우울증 환자의 내면에는 자아 이상과 현실 사이에 상당한 괴리가 있다. 그래서 그들은 리셋을 생각한다. 하지만 리셋을 통해 이를 해결하기란 거의 불가능에 가깝다. 그래서 우울증 환자에게서도 해결할 수 없는 낙차에 따른 좌절과 조급증, 분노가 뒤섞인 것을 자주 보게 된다.

우리 마음속, 파국에 대한 소망

리셋에 대한 소망은 우울증 환자들에게서만 나타나는 것이 아니다. 이 소망은 살면서 상당히 이른 시기부터 접하게 되고, 또 보편적으로 나타난다. 특히 민담이나 동화, 아니면 관습적 표현 중에서도 쉽게 찾아볼 수 있다. 예를 들어, 전 세계의 모든 어린이와 어른들이 알고 있을 〈신데렐라〉 이야기를 생각해보자. 〈신데렐라〉라는 데서 서구권의 이야기라고 생각할 수도 있지만, 한국에서는 〈콩쥐 팥쥐〉가 같은 이야기 구조를 따른다. 〈신데렐라〉와 〈콩쥐 팥쥐〉에 나타나는 이야기의 구도는 지역과 문화권을 초월해서 공통적인 서사 구조와 심리적 의미들을 가지고 있다.

신데렐라는 어려서 엄마를 잃고, 계모와 두 새 언니와 함께 산다. 표면적인 구조는 엄마가 죽고 계모가 들어왔다고 하지만, 심리적 측면에서 이 서사에 접근하자면 현실의 내 부모를 인정하고 싶지 않은 소망이 반영되어 있다고 생각할 수 있다. 아이들에게 부모는 거의 신과 같은 존재다. 그런데 아이들이 성장하면서 그토록 전지전능한 것처럼 보였던 부모에게 조금씩 실망하게 된다. 당연히도! 부모는 신이 아니기 때문이다. 그렇게 대단해 보였던 부모가 결국 나와 다를 게 없는 평범한 인간이라는 것을 받아들이는 과정이 성장이다. 하지만 이러한 과정은 아프다. 이 아픔과 좌절은 아이들의 자기애에 상처가 된다. 아이들의 자기애가 발달하는 과정에서 자신의 현실을 받아들이기 어려운 마음이 이렇게 민담에 표현된 것이다. '나는 이렇게 비루한 가족의 일원이 아니야. 엄마는 내 진짜 엄마가 아니고, 어딘가에 왕비님 같은 내 엄마가 분명히 있을 거야. 나는 원래 고귀한 집 태생이야'라는 논리다. 이러한 생각 패턴에 대해 프로이트는 '로열 패밀리 신드롬'이라 명명했다.

아이들의 자기애라는 말이 어렵게 느껴진다면, 내 유년의 기억 한 자락을 설명해보겠다. 아이들의 심리 발달 과정에서 나르시시즘의 문제가 얼마나 중요하고, 또 아이들이 그 문제에 얼마나 취약할 수 있는지를 보여주는 이야기다.

한 일곱 살이나 되었을까. 동네 골목에 온 동네 아이들이 몰려 나와 놀고 있었다. 누가 먼저, 왜 시작했는지 기억은 없지만, 아이들은 저마다 자기 집 선풍기를 자랑하기 시작했다. 한 아이가 말했다. "우리 집 선풍기는 3단까지 있다." 다른 아이가 받아쳤다. "우리 집 선풍기는 4단이야." 앞의 아이가 말했다. "우리 집 선풍기는 그래도 너네 집 거보다 바람이 훨씬 세." 어른들이 보기엔 유치하기 짝이 없는 대화였지만, 당시의 그 어린아이들 입장에서는 자존심이 달린 상당히 진지한 논쟁이었다.

다시 신데렐라 이야기로 돌아가면, 이 동화는 현실이 비루하더라도 언젠가는 리셋이 가능하다는 메시지를 전달한다. 그래서 자기애와 자존감의 손상으로부터 아이들의 마음을 위로하는 기능을 수행하는 것이다. 리셋에 대한 소망은 비단 아이들의 동화에만 나타나는 것이 아니다. 한국인에게 친숙한 〈금도끼 은도끼〉 이야기도 같은 맥락에서 생각해볼 수 있다. 착하고 정직하게만 살면 삶을 리셋할 수 있을 거라는 다소 순진한 바람이 투영된 이야기인 것이다.

동화를 통해 리셋에 대한 순진한 소망을 볼 수 있다면, 현실에서의 리셋에 대한 소망은 좀더 병적으로 나타난다. 병적인 리셋의 소망은 도박 중독에서 쉽게 볼 수 있다. 도박 중독에 빠진 이들의 마음속에는, 계속 돈을 잃고 있어도 언젠가는 잃은 돈을 다 만회하고도 남을 만큼의 충분한 돈을 벌 수 있으리라는 근거 없는 희망이 담겨 있다. 그 희망은 현실에 대한 부정으로서 이루어지지 않을 리셋에 대한 소망을 행동으로 옮기게 한다. 그런 면에서 도박 중독은 매 순간 반복되는 유사 자살 행위라고 할 수 있다.

리셋이 가져올 수 있는 파국을 흥미롭게 보여주는 영화들이 있다. 그중 하나가 1993년에 개봉된 〈사랑의 블랙홀〉이다. 기상 캐스터로 일하는 필 코너스는 매우 자기중심적이고 냉소적인 인물이다. 그는 성촉절Groundhog Day(우리의 경칩에 해당) 축제 취재 차 동료들과 시골 마을에 가게 된다. 취재를 마친 후 마을 사람들이 함께 축제를 기념하고 즐길 것을 권하지만, 냉정하게 거절하고 돌아선다.

그러나 갑작스러운 폭설로 인해 발길을 돌려서 마을로 돌아오고 그곳에서 하루를 묵게 된다. 다음 날 눈을 뜬 그는 매일매일 시간이 리셋되면서 똑같은 하루가 반복된다는 사실을 발견한다. 아무리 노력해도 시간을 돌릴 수 없다는 것을 알게 된 그는 하고 싶었던 일들을 다 실현해본다. 여자를 유혹하기도 하고, 돈 가방을 훔치거나 축제를 엉망으로 만들기도 한다.

한마디로 자신 안에 숨겨진 모든 욕망을 실현하는 것이다. 그러나 곧 그는 이러한 리셋 상황에 절망한다. 즐거움이 곧 싫증으로 이어지고, 필은 자기가 돈, 사랑, 명예 등 원하는 것을 얻으려 아무리 발버둥 쳐도 다음 날이면 모든 것이 없던 것으로 돌아오는 무한 지옥에 갇혀 있다고 느끼게 된다. 심지어 죽으면 해결될까 싶어 자살까지 시도하지만, 그에겐 자살도 허용되지 않는다. 이는 리셋이 실제 우리 현실에서 이루어진다면 얼마나 파국적인 결과를 가져올 수 있는지를 명확히 보여주는 장면들이다.

임상 현장에서라면 치매가 대표적인 경우가 될 것이다. 새로 입력된 기억이 5분만 지속되는 중증 치매 환자를 생각해보라. 어떤 의미에서 이들은 5분마다 삶이 계속 리셋되는 셈이다. 어떤 것도 기억할 수 없고, 매번 처음 시작해야 하는 리셋은 공포 그 자체다.

흉한 발자국도 작은 연못으로 만드는 힘

내가 원하는 '나'와 현재의 '나'가 일치하지 않을 때, 우리는 현 상황을 받아들이지 못하고, 바꿀 수 없다는 사실에 무기력해진다. 동시에 현재의 나를 만든 '나 자신'에게 화가 난다. 리셋을 원하는 사람들의 소망도 이해할 수 있다. 그 소망이 나를 해치지 않는 범위에서 어떻게 실현될 수 있을지에 관해 생각해본다면 어떨까.

리셋을 원하는 마음은 현실에 대한 불만족이 원인이다. 리셋을 하면 과연 전혀 다른 내가 될 수 있을까. 인간의 삶이 상실이며, 우리는 계속 상실을 경험하고 애도해야 한다는 점은 바뀌지 않는다. 상실과 애도가 반복되는 삶을 받아들이지 못하고 리셋 버튼만 계속해서 누른다면 어떻게 될까. 새로운 시작점에서 똑같은 행동을 반복한다면 리셋으로 원했던 결과를 만나지 못할 수도 있다. '나' 자체는 바뀌지 않는 상황에서 반복만 계속된다면 더더욱 고통스러울 수 있다.

리페어는 받아들이는 것이다. 물론 이는 현재를 무조건적으로 수용하는 것은 아니다. 변화가 불가능한 부분은 받아들이고, 변화가 가능한 부분은 조금씩 바꾸어가는 것이다. 리페어를 통해 흉한 발자국이 찍힌 작은 연못이 앙증맞은 것으로 바뀔 수도 있다. 나 자신을 수용하면서 조금씩 우리 스스로를 옥죄고 있는 굴레로부터 서서히 벗어날 수 있다. 리셋 대신 리페어를 선택할 때, 우리 삶이 지금보다 더 아름다워질 여지는 분명히 존재한다.

애도 이후에 오는 것들

우리 마음속에는 저마다의 꽃이 있다. 그 꽃은 가장 소중한 것, 추구하는 삶의 모습에 대한 상징이다. 그런데 그 꽃이 너무 이상적이면 현실과의 괴리가 발생한다. 이는 상실이고 결핍이다. 여기에서 실망, 좌절, 분노 등 여러 감정들이 생겨난다. 똑같이 실망하고 좌절하고 분노할 것처럼 보이는 상황에서도, 그 정도나 양상은 개인에 따라 무척 다르다.

이 개별성의 스펙트럼을 만들어내는 것 중 하나가 각자의 고유한 기질과 트라우마다. 우리 모두는 저마다 다른 기질들을 가지고 태어난다. 조용한 아기가 있는가 하면, 활발한 아기도 있다. 어떤 아기는 쉽게 보채고 예민한 반면, 어떤 아기는 무던하다.

아기들의 타고난 기질을 존중하며, 성장 과정에서 만나는 수많은 사건의 파도에서 아이들을 건강하게 만들 수 있는 요소가 바로 부모의 양육, 환경, 교육이다. 서로 비슷한 기질을 가지고 태어난 아이가 있다고 하자. 이 아이들이 자라는 환경에 트라우마가 많았는지 적었는지에 따라 각자의 어려움도 달라질 것이다. 이렇게 타고난 기질과 환경 등 수많은 요소들이 복합적으로 작용하여 개인의 고유한 성격 구조를 만들어낸다.

일정한 성격 구조가 형성되면, 죽을 때까지 큰 틀에서는 성격이 거의 변하지 않는다. 우리 모두는 저마다의 고유한 성격을 가지고 세상을 살아가며 많은 일들을 겪게 되는 것이다.

꽃이 없는 게 아니라 보지 못할 뿐

선운사 고랑으로
선운사 동백꽃을 보러 갔더니
동백꽃은 아직 일러 피지 않았고
막걸릿집 여자의 육자배기 가락에
작년 것만 상기도 남았습디다.
그것도 목이 쉬어 남았습디다.

— 서정주, 〈선운사 동구〉

유명한 시 〈선운사 동구〉는 서로 다른 기질을 가진 우리가 마주하는 삶의 문제를 어떻게 해결하고 극복할 것인가에 대한 이야기가 담겨 있다. 이 시에는 상당히 미묘한 울림이 있다. 시적 화자는 선운사라는 특정한 공간을 향해 간다. 그러나 그는 너무 이른 시간에 도달해 원했던 꽃을 보지 못한다. 그래서 막걸릿집으로 가서 육자배기 가락을 듣지만 그 노래마저 '목이 쉬어' 버렸다.

가장 아름다운 꽃을 보고 싶었던 시적 화자의 노력은 결국 물거품이 된 것 같다. 여섯 행으로 이루어진 이 짧은 시는 이후 그가 겪었을 여러 감정의 소용돌이를 구체적으로 보여주진 않는다. 다만 '목이 쉬어' 정도에서 그의 실망과 좌절을 일부 엿볼 수 있다.

그가 원했던 꽃을 보지 못한 것처럼 우리도 인생에서 그토록 기대했던 삶을 살지 못하는 경우가 많다. 이루지 못한 소망, 사라져가는 인생의 시간들, 중요한 사람과의 작별, 원통하고 억울한 일들….

　이러한 것들을 받아들이고 감정의 물꼬를 내서 흘러가게 만드는 과정이 바로 애도다. 애도 과정에는 상실이나 결핍의 강도와 종류, 각자의 타고난 기질과 유년 시절의 환경이나 양육 등이 밀접하게 관련된다. 그렇기에 애도는 내면적으로 복잡하고, 경우에 따라 힘겨운 진통이 되기도 한다. 각자의 자아가 처리할 수 있는 것보다 트라우마가 크다면, 애도 과정이 전혀 진행이 안 되는 경우도 발생한다. 이를 고착이라고 부른다. 말 그대로 내면의 시계가 멈추는 것이다. 이렇게 내면의 시계가 멈추는 것과 관련된 대표적인 문제 중 하나가 우울증이다.

　30대 후반이었던 H는 오랫동안 주기적으로 우울증을 앓았다. 그는 '완벽'과 '순수'에 집착하는 성격이었다. 무언가에 하나 꽂히면 그 분야의 전문가 수준이 되어야 했고, 조그마한 실수라도 했다 치면 자신을 용납할 수 없어 심한 자책에 빠졌다. 퇴근 후 혼자가 되면 하루 동안 있었던 일들 중 좋지 않았던 일이나 자신이 남에게 했던 행동 또는 말들 중에 조금이라도 문제가 있었다고 생각되는 것을 몇 시간 동안 곱씹곤 했다. 그러다 보니 늘 머릿속이 부정적인 생각들로 인해 시끄러웠다.

그의 대학 학부와 대학원 시절 전공은 수학과 물리학이었다. 생물학처럼 이론보다 경험이 중요한 학문들은 오차가 많다는 느낌 때문에 순수하지 못한 학문처럼 여겨졌다. 그의 마음속에서는 분야별로 이러한 위계가 있었다. 일상에서 일어나는 경험들은 가장 하위에 있었고, 그보다 좀더 순수한 상태는 문학, 그 위에는 이론과 경험이 같이 매개되는 물리학이나 화학이 있었다. 다시 그 위에는 철학, 음악, 가장 상위에는 고도로 추상적이고 순수하다고 생각되는 수학이 자리 잡고 있었다. 그에게 순수 결정체, 세상에서 가장 완벽한 것, 그래서 '진짜'라고 생각되었던 것은 말이나 사람들 사이의 관계, 인간의 감정 같은 것들의 세상이 아니라 철학에서 다루는 추상의 세계나 수의 세계였던 것이다.

그러다 보니 자신의 분야에서 경력이나 나이에 비해 상당한 성취를 이뤘고 성공할 수 있었다. 정서적으로는 늘 고독할 수밖에 없었고, 이상적인 사랑에 몰두하다 보니 제대로 된 만남도 쉽지 않았다. 그러다 그는 자신의 이상형이라고 생각되는 여자 친구를 생애 처음으로 만나게 되었다. 그러나 주기적으로 반복되는 그의 우울증이 문제였다. 그는 우울증 시기가 되면 여자 친구와 연락을 차단하고 두문불출했다. 이에 지친 여자 친구는 그에게 이별을 통보했고, H는 거의 공황 상태가 되어 진료실에 찾아왔다.

돌아보면 그가 여자 친구를 거의 사귀지 못했던 것도 상대에게 거부당하거나 버려지는 것에 대한 공포에서 온 것 같았다. H의 상담가였던 나는 이상적인 것에 대한 그의 집착이 어디서 오는지 늘 궁금했고, H와 함께 그 뿌리를 탐구하는 데 상당한 시간을 들였다. 오랫동안 그는 독특한 환상을 가지고 있었다.

그 환상은 물리학에 대한 그의 관심과 지식에서 온 것 같았다. 그에게 떠오르는 환상은 소립자들이 무한한 우주 공간을 각자 영원히 여행하는 영화의 한 장면 같았다. 내가 느꼈던 것은 그의 절대적인 고독과 외로움이었다. 그러나 이 시각적 이미지에서 그는 아무런 정서나 감정을 느끼지 못했다. 그러나 H는 환상을 통해 우주 공간에서의 시공간과 관련하여 압도되는 느낌과 혼란함을 경험하기도 했다.

예를 들어 지구로부터 1만 광년 떨어진 별이 하나 있다고 하자. 지금 이 순간에 그 별이 폭발해서 우주에서 완전히 사라진다고 하더라도 지구에서는 향후 1만 년 동안 변화 없이 그 별을 계속 보게 될 것이다. 폭발 후 마지막으로 그 별을 출발한 빛 입자가 지구에 도착하기까지 1만 년이라는 시간이 더 걸릴 것이기 때문이다.

1만 년 동안 그 대상은 사라지고 잔상만을 보는 셈이다. 물론 그는 물리학 전공자였기 때문에 이러한 현상이 전혀 이상할 게 없다는 것을 알았다. 하지만 자신이 그렇게 '헛것'을 실재처럼 의심 없이 계속 볼 수도 있다는 사실을 마음으로는 받아들이기 어려워했다.

무엇으로부터 서로를 보호하고 싶었을까

H는 생후 한 달 만에 입양되었다. 그의 양부모, 특히 어머니는 그를 친아들과 다름없이 키웠다. 그리고 가족 중 아무도 그가 입양되었다는 사실을 알려준 사람은 없었다. H에게는 일곱 살, 다섯 살 차이가 나는 누나들이 있었고, 이들은 양부모의 친딸들이었다. 아들을 하나라도 꼭 원했던 아버지의 바람이 이루어지지 않자, 부부는 입양을 선택했던 것이다.

아버지는 매우 성취 지향적인 사람이었다. 그러나 자신이 원했던 만큼 성공하지 못했다는 패배감과 열등감에 H의 성취와 성공에 '올인'했다. H는 성장하는 동안 아버지의 기대를 충족시켜야 한다는 압박에 시달리곤 했다. 가족 내에서는 어머니만이 정서적으로 안정감을 주는 유일한 존재였다. 사춘기 무렵의 어느 날, 그는 우연히 친척 어른에게서 자신이 입양되었다는 사실을 듣게 됐다. 그는 상당한 충격을 받았는데, 당시에는 그 충격이나 느낌이 정확히 어떤 감정인지 알지 못했다.

막연히 무언가에 압도되는 느낌, 그리고 그 사실들이 거짓말처럼 이상하다는 느낌만 강하게 지속될 뿐이었다. 이후부터 자신은 누구인지, 가족 내에서 자신은 어떤 존재인지 같은 해결되지 않는 의문들로 혼자 전전긍긍했다. 동시에 그간 누나들에게서 왜 그렇게 쌀쌀하고 차가운 느낌을 받았는지, 누나들이 유년 시절 왜 자신을 괴롭히고 자주 때렸는지도 깨닫게 되었다.

그가 자신이 입양됐음을 이제 '안다는 것'을 부모가 알면 세상에서 가장 사랑하는 그의 어머니가 상처를 입게 될까 봐 이를 비밀에 부쳤다. 이때부터 가족 내에 이상한 의사소통 구조가 형성됐다. 부모는 H가 상처받을까 봐 계속 비밀을 유지했다. H는 H대로 자신이 알고 있다는 사실을 비밀로 유지했다. 모두 나쁜 의도는 아니었지만 결과적으로는 서로가 서로를 속이는 이상한 커뮤니케이션 방식이 지속되었던 것이다.

그런데 H의 부모는 H를, H는 부모를 보호한다고 생각했지만, 과연 그들이 보호하려던 것은 무엇이었을까. 그리고 무엇으로부터 서로를 보호하려고 했던 것일까. 그런 상태에서 H가 스무 살이 될 무렵 어머니가 말기 암 진단을 받고 갑자기 사망했다. 어머니와 관련된 복잡한 감정과 비밀들이 해결되지 않은 상태에서 그 대상이 사라지자 H는 극심한 정신적 방황을 겪기 시작했다. 주기적으로 반복되는 우울감 때문에 일상이나 학교생활을 제대로 유지하기 힘들 때가 많았다.

상담이 상당히 진행되면서 H는 자신의 성장 과정과 그 안에서 자신이 겪어왔던 여러 정서적 문제들이 결국 그가 오랫동안 가지고 있었던 우주에 대한 이미지들과 밀접하게 연관된다는 것을 깨닫기 시작했다. 자신이 입양되었고 친아들이 아니라는 사실을 알게 된 순간의 충격은 우주에서 별이 폭발하는 수준의 충격에 비견될 수 있을 정도였다는 것, 어린 자신으로서는 그 충격의 내용과 그에 따른 자신의 감정이 정확히 무엇인지 인지하고 소화할 수 없는 상태로 오랫동안 지내왔다는 것을 알게 되었다.

H가 가족의 비밀을 알고 나서, 서로 간에 이중의 비밀과 속임의 상태에서 느꼈던 외로움은 우주 공간을 끝없이 방랑하는 소립자들의 환상으로 나타났다. 외로움이라는 감정은 차단된 채 팩트만 의식의 수면에 올라온 시각적인 환상 말이다. 밤하늘에 보이는 별이 과연 실재인가 헛것인가 하는 혼란감도 그가 겪었던 충격과 혼란감에서 기인했던 것이었다. 그가 겪은 세상은 대단히 불완전했다. 그래서 자신이 직접 보고 겪는 현상 이면에 무언가 더 크고 중요한 것이 존재할 수도 있다는 느낌은 철학이나 수학 같은 좀더 완전한 것에 대한 강박과 함께 보이지 않는 이면에 대한 집착으로 나타났던 것이다.

상담의 종결 무렵 H는 〈선운사 동구〉를 인용해서 자신이 그간 얻은 인식을 정리했다.

"그 시에 나오는 선운사의 꽃처럼 저는 굉장히 오랫동안 이상적인 어떤 대상이나 세계를 찾아 헤매온 것 같아요. 저에 대해서도 마찬가지였던 셈이죠. 완벽하지 못한 제 자신을 용납하기 어려웠으니까요. 그 충격 이후에 아마도 전 늘 화가 나 있었던 것 같아요. 물론 오랫동안 제가 화나 있다는 것을 인지하지는 못했어요. 나를 속인 부모님, 나를 자주 때리던 누나들, 알고 싶지 않은 것을 알려준 친척, 이렇게 모두에게 말이죠. 그런데 그들에게 화가 나봐야 어떻게 할 수 없는 것 아니겠어요? 그래서 저 스스로를 괴롭히고 우울해했던 것 같아요.

어머니가 돌아가신 순간, 그 이중 비밀에 대한 혼란스러운 감정을 정리할 기회를 영원히 잃어버렸다고 느꼈어요. 하지만 어머니가 살아계셨다고 하더라도 이미 지나간 과거를 과연 어찌할 수 있었을까 싶긴 합니다. 아마도 제 어머니나 다른 가족들에 대해서도 제가 지나치게 이상적인 모습을 기대했던 게 아닌가 싶어요. 그분들도 제가 자라면서 그 비밀을 공개할 기회를 놓쳤다고 느꼈거나 아니면 많이 두려우셨던 게 아닌가 싶기도 하고요.

어쨌든 그 이후로 저에게 현실은 '이승의 개똥밭'이었는데, 이 개똥밭이 싫어서 우주에 대한 몽상이나 아니면 문학, 철학, 수의 세계에 집착한 게 아닌가 싶기도 합니다. 그런 시골 막걸릿집 여자의 현실 속에서의 삶은 참 비루하고 고단하겠지만, 최소한 그 시 속에서의 삶은 이미 영원한 아름다움으로 구원받은 셈이니까요. 현실의 개똥밭 속에는 저에게 불가해한 것들 투성이였어요.

나는 왜 태어났는가. 왜 태어나자마자 버려졌는가. 왜 그때 그 친척은 굳이 나에게 그 사실을 알려줬을까. 누나들은 왜 나를 학대했을까. 부모님은 왜 내게 그런 사실을 알려주지 않아서 입양 사실을 아는 것 자체가 부정적인 이미지로 다가오게 만들었을까. 답이 나오지 않는 그런 물음들에 저는 너무 오랫동안 매여 있었던 것 같아요.

물리학이나 수의 세계는 감정이 없고, 그래서 아픔이 없는 세계예요. 생각해보면 현실의 그런 혼란과 아픔으로부터 도피하고자 한 곳이 그런 세계가 아니었을까 싶네요. 그런데 참 아이러니하게도 물리학이나 수의 세계는 살과 피가 없는 차가운 세계였고, 그래서 그 안에서 전 너무 오래 외로웠던 게 아닌가 싶어요.

그리고 갑자기 돌아가신 엄마와 달리 영원히 저를 떠나지 않을 것 같은 사람을 찾아 헤맸던 것 같아요. 그래서 사소한 단점이라도 보이면 매번 관계를 단절해서 누구와도 제대로 된 연애를 할 수 없었고요. 역시나 참 아이러니하죠. 누군가를 열망하는 마음이 큰 만큼, 아무도 제대로 사귈 수가 없었다니. 돌아보면 그만큼 누군가에게 버려지는 것에 대한 두려움이 컸던 것 같아요.

그 시에서 주인공이 보잘것없는 현실 속 막걸릿 집 여자의 노랫가락에서 자신의 꽃을 찾은 것처럼, 저도 이제 저만의 꽃을 찾은 것 같습니다. 이 세상은 완벽할 수 없다는 것, 제 부모도 누나들도 모두 저와 마찬가지로 불완전한 사람들일 수밖에 없다는 것, 제가 모든 것을 다 알거나 이해할 수도 없다는 것, 이러한 깨달음이 제가 찾은 작지만 중요한 꽃인 것 같아요.

이제 너무 먼 우주에서 내려와 이승의 개똥밭에서 좀더 잘 굴러볼 수 있을 것 같아요. 그런데 참 신기하죠. 그렇게 한철 피었다가 지고 마는 선운사 동백꽃과는 달리 선운사가 아닌 동구 밖에서 서정주 시인이 발견한 그 꽃은 일 년 내내 피어 있는 셈이니까요. 제 꽃도 아마 그럴 것 같습니다."

언어, 트라우마를 풀어내는 힘

정신분석에서 트라우마는 단순히 외부적인 충격이나 사건이라기보다는 내적인 상태에 가깝다.

마음 안에 응축된 것들이 언어를 통해 풀려나가면, 애초의 사건은 트라우마로 고착되지 않고, '그때 그런 일이 있었지' 정도로 남게 된다. 반대로 이러한 과정이 충분치 않으면, 그 감정의 덩어리는 어떤 이물질처럼 내면에 응어리로 남는다. 그러면 당사자는 자신의 내면에 정확히 뭐가 있는지 잘 모르는 채로 성장한다.

트라우마의 측면에서 보자면, 나는 왜 그의 어머니가 생모가 아니라는 사실이 그토록 트라우마로 남았는지를 상당 기간 H와 함께 씨름했다. 우리는 처음에 H가 받았던 놀람과 충격이 전혀 다루어지지 않았다는 게 가장 큰 문제였다는 결론을 얻었다. 그 이야기를 부모가 아닌 친척이 했다는 것 자체가 그 사실이 집안에서 금기라는 느낌을 주었던 것이다.

동시에 H의 마음속에서는, 그러한 금기를 깨면 H의 부모, 특히 심적으로 약했던 어머니가 상처받고 충격받을 것이라는 환상이 있었다. 아무리 예민하고 여린 어머니였다고 하더라도 어린 H보다 약했겠는가. H의 마음에서는 충분히 보살핌을 받아야 될 사람이 어린 H가 아니라 어머니이고, H가 어머니를 보호할 수 있을 것이라는 환상이 있었던 셈이다. 많은 아이들의 마음속에는 이러한 자기전능감과 관련된 환상이 존재한다. 이러한 환상과 실재 사이의 다리를 놓아 현실에 좀더 잘 적응할 수 있도록 돕는 것이 대개는 부모의 역할이다. 그리고 그 도구는 역시 공감과 언어다.

주 2회 이상 수년간의 상담을 통해 그가 도움받았다고 크게 느낀 것은 두 가지였다. H가 아무런 감정을 느끼지 않고 우주 공간을 가로지르는 소립자들에 대한 환상을 종종 얘기할 때, 나는 아무도 없는 지독한 외로움과 쓸쓸함의 공간을 떠올리곤 했다. 결국 그러한 감정들은 애초에 H의 마음속에 있던 것들이었다.

나는 몇 번 "지금 말씀하신 부분은 왠지 저한테는 굉장히 외롭고 쓸쓸한 느낌을 불러일으키네요"라고 이야기하기도 했다. 내가 H의 감정을 대신 느끼는 역할을 했던 셈이다. H는 처음엔 이를 받아들이기 어려워했다. H에게는 그만큼 고통스럽고 압도되는 감정들이었던 셈이다. 그리고 다른 하나는 (H는 이 부분이 더 중요하다고 느꼈다) 누군가가 자신과 '함께 있는 느낌'이었다.

처음부터 H가 '함께 있는 느낌'을 받았던 것은 아니다. 나와 H가 함께 노력한 시간들이 꽤 지난 후에야 그런 느낌을 받는 것이 가능해졌다. 신기하게도 어느 순간부터는 그 환상이 옅어졌다. 상담이 종결될 즈음에는 우주에 관한 생각이나 환상은 그의 머릿속에서 거의 사라졌다.

다시 서정주의 시 〈선운사 동구〉로 돌아가자. 시인은 '작년 것만', '그것도 목이 쉬어'라며 언뜻 실망을 표현하는 것처럼 보인다. 그러나 미당은 어느 한철 피었다가 지고 마는 선운사의 꽃과 달리, 흥미롭게도 목이 쉰 막걸릿집 여자의 육자배기 가락 속에는 작년부터 지금까지 내내 꽃이 피어 있다는 소식을 넌지시 알린다. '작년 것만'에서 나타난 실망이 '작년 것이 여전히'라는 놀라운 인식으로 변화한다.

이 변화 과정에 대해 시인은 구체적 사연을 전하지 않는다. 하지만 정신분석 상담을 하는 나는 한끝 차이로 보일 수도 있는 변화가 얼마나 지난한 것인지 잘 알고 있다. 그 작은 차이를 위해 수년 이상의 시간과 많은 에너지를 쏟아야 하기 때문이다. 그래서 자신을 탐색하면서 어떤 깨달음을 얻었을 때의 변화는 결코 작지 않다. '작년 것만'에서 '작년 것이 여전히'로 인식이 바뀌었다는 것은 이미 그 사람의 삶에 비가역적인 변화가 일어났다는 뜻이기 때문이다.

상처받은 나를 위한 애도 수업

초판 1쇄 발행 2021년 4월 30일
초판 4쇄 발행 2024년 4월 26일

지은이 | 강은호

발행인 | 박재호
주간 | 김선경
편집팀 | 강혜진, 허지희
마케팅팀 | 김용범
총무팀 | 김명숙

디자인 | 엄혜리
표지일러스트 | 기마늘
교정 | 윤정숙
종이 | 세종페이퍼
인쇄·제본 | 한영문화사

발행처 | 생각정원
출판신고 | 제25100-2011-000320호
주소 | 서울 마포구 양화로 156(동교동) LG팰리스 814호
전화 | 02-334-7932 팩스 | 02-334-7933
전자우편 | 3347932@gmail.com

© 강은호 2021

ISBN 979-11-91360-11-0 (03180)